Judaísmo para todos

Bernardo Sorj

Judaísmo para todos

3ª edição

CIVILIZAÇÃO BRASILEIRA

Rio de Janeiro
2022

Copyright © Bernardo Sorj, 2010

Projeto gráfico
Evelyn Grumach e João de Souza Leite

Composição de miolo
Abreu's System

CIP-Brasil. Catalogação-na-fonte
Sindicato Nacional dos Editores de Livros, RJ

Sorj, Bernardo
S691j   Judaísmo para todos / Bernardo Sorj – 3ª ed. – Rio de
3ª ed.   Janeiro : Civilização Brasileira, 2022.

ISBN 978-85-200-0908-6

1. Judaísmo. 2. Judeus – Cultura. I. Título.

09-5125.   CDD: 296
                                       CDU: 26

Todos os direitos reservados. Proibida a reprodução, o armazenamento ou a transmissão de partes deste livro, através de quaisquer meios, sem prévia autorização por escrito.

Este livro foi revisado segundo o novo Acordo Ortográfico da Língua Portuguesa.

Direitos desta edição adquiridos pela
EDITORA CIVILIZAÇÃO BRASILEIRA
Um selo da
EDITORA JOSÉ OLYMPIO LTDA
Rua Argentina 171 – 20921-380 – Rio de Janeiro, RJ – Tel.: 2585-2000

Seja um leitor preferencial Record.
Cadastre-se e receba informações
sobre nossos lançamentos
e nossas promoções.

Atendimento e venda direta ao leitor:
sac@record.com.br

Impresso no Brasil
2022

A meus pais queridos, Miriam e Bentzion,
Zichronam Lebracha
Abençoadas sejam suas memórias

Sumário

Introdução   9

PRIMEIRA PARTE   Uma cultura em mutação   17
O que são os judeus?   19
O judaísmo bíblico   23
O período greco-romano e as variedades de judaísmo   31
O judaísmo talmúdico   37
O mundo talmúdico na Idade Média   49
Judeus, cristãos e muçulmanos   59
A modernidade: o retorno da filosofia, da história e da política   65
As correntes do judaísmo moderno   75

SEGUNDA PARTE   O judaísmo contemporâneo   85
Holocausto, memória e política   87
O Estado de Israel   93
Pós-modernidade, diáspora e individuação do judaísmo   107
Judaísmos nacionais   115
Judaísmo como resistência, dissonância cognitiva e culpa
coletiva   119

TERCEIRA PARTE   Desafios e o futuro do judaísmo   125
Quem fala em nome dos judeus: Rabinos? Plutocratas? Os governos
do Estado de Israel?   127

JUDAÍSMO PARA TODOS

Quem é judeu? Casamentos e enterros *133*
Antissemitismo e as relações *ydn* e *goym* *139*
O futuro do judaísmo *147*
O futuro do judaísmo secular *151*
Glossário de termos em hebraico *163*

PARA SABER MAIS *167*
Agradecimentos *171*

Introdução

Este livro é uma introdução ao judaísmo que espero possa interessar a judeus e não judeus. Escrito por um sociólogo, não pretende ser uma obra de ciências sociais. Mas, inclusive numa obra científica, os valores individuais estão sempre presentes, e o único caminho para dialogar sinceramente com o leitor é explicitá-los. Este texto é um esforço de atualizar o judaísmo secular e humanista, que nos tempos modernos orientou os maiores pensadores, cientistas, artistas e ativistas judeus, de Freud a Einstein, de Spinoza a Hanna Arendt, de Modigliani a Chagall, de Kafka a Roth, de Gershwin a Rubinstein, de Theodor Hertzl a Amós Oz, assim como a maioria de seus prêmios Nobel. Judeus que não invocam livros sagrados ou mandamentos divinos para afirmar uma identidade judaica, que se nutrem da história e da cultura judaica, de seus dramas psíquicos e existenciais, de laços particulares de solidariedade quando judeus são perseguidos, de revolta quando judeus agem sem sensibilidade diante do sofrimento dos outros.

Esta atualização se faz necessária porque o judaísmo moderno, que foi a grande força criadora no judaísmo do século passado, está em crise. Embora represente a tendência majoritária na diáspora e em Israel, tanto sua voz quanto sua presença institucional estão enormemente enfraquecidas.

A crise do judaísmo moderno é produto das enormes transformações que as comunidades judias e as sociedades sofreram em décadas recentes. Trata-se de um mundo pós-socialista e pós-sionista, em que a globalização, a disseminação do discurso dos direitos humanos e a aceitação do multiculturalismo diminuíram a conflituosidade da condição judia. Como toda crise, ela nos revela os problemas e as contradições das visões de mundo que eram consideradas óbvias no passado.

O judaísmo moderno enfatizou as dimensões universalistas da tradição judaica. Dessa forma, encobriu as tensões entre lealdades particularistas e universalistas presentes na vida de qualquer pessoa, e que só desaparecerão no dia — se é que esse dia virá — em que a humanidade viver como uma só. Até esse momento, os círculos de lealdade e solidariedade serão diversos e por vezes conflituosos, e nossa identificação com o sofrimento e as alegrias das pessoas terá pesos diferentes de acordo com as nossas várias identidades: familiares, religiosas, locais, nacionais e étnicas. Em lugar de esconder essas tensões, é importante explicitá-las, entender como se expressam e assim procurar avançar em direção a uma maior capacidade de compreensão e convivência com nossas próprias contradições internas e nossa complexa inserção no mundo.

A visão da história orientada pela crença no progresso da humanidade se mostrou errada, ou no mínimo otimista demais. Por longo tempo, pelo menos, viveremos num mundo em que os conflitos políticos, étnicos e religiosos estarão presentes. Esse reconhecimento é fundamental para não assumirmos uma visão de mundo que desconheça os riscos potenciais que os judeus podem correr. Caso contrário, estaremos errando por ingenuidade e facilitando o judaísmo xenófobo que se apresenta como "realista", alimentando-se de toda expressão, real e aparente, de antissemitismo.

INTRODUÇÃO

Não somente a racionalidade não orienta os processos históricos, como ela não é, nem poderia ser, o único fundamento da subjetividade e da ação dos indivíduos. Sentimentos, sensibilidades e a procura de transcendência estão presentes em todo agir humano, religioso ou não. É sobre eles que se constroem os laços sociais e as identidades coletivas. Não se trata de fazer uma apologia das dimensões não racionais da vida humana, mas de reconhecê-las e, assim, mobilizá-las a serviço de valores humanistas.

O velho judaísmo secular pecou por excesso de confiança na capacidade do conhecimento racional de dar respostas a todos os problemas existenciais, desvalorizando o papel dos ritos e das dimensões subjetivas sobre os quais se constroem os laços sociais. Em lugar de negar os aspectos não racionais do agir humano, devemos reconhecê-los e de alguma forma integrá-los, única maneira de limitar condutas irracionais e destrutivas de nossa humanidade.

Ao enfatizar as dimensões universais do judaísmo, o antigo humanismo secular judaico terminou prejudicando a capacidade de autocompreensão e de justificação da própria existência dos judeus. Pois, se os valores judaicos são os mesmos que os valores universais, para que manter uma identidade judia? O humanismo secular judaico deve recuperar a capacidade de valorizar as particularidades da tradição e da história judaicas, sem cair em visões isolacionistas, construídas no medo e na desconfiança do não judeu, que nos desumanizam.

O reconhecimento das forças de continuidade, dos sentimentos particularistas e de nossos limites ao moldar o mundo deve estar associado a uma visão mais humilde do papel de cada geração na história e na sociedade. O judaísmo humanista secular sofreu cronicamente de *hybris,* de um sentimento de onipotência que colocou a humanidade no lugar de Deus, sonhando que poderia transformar o mundo de acordo com sua vontade. Não é o caso. Se Deus está morto e tudo é permitido, é limitada nossa capacidade de mudar e compreender o mundo, já que somos humanos e não deuses. Se as respostas da religião sobre o sentido do Universo não nos satisfazem, não se trata de encontrar substitutos seculares, mas de aprender a conviver com uma condição humana que apresenta enigmas insolúveis. Obviamente, esse reconhecimento não justifica a resignação e é a única fonte de atitudes verdadeiramente éticas, já que elas se sustentam em convicções pessoais em relação ao certo e ao errado, sem garantia de sucesso ou de compensação futura, neste ou em outro mundo.

Essa *hybris* em relação ao mundo se expressou também em relação ao próprio judaísmo. Toda a tradição cultural religiosa foi desprezada, se não na prática, pelo menos na teoria, e, no caso do sionismo, foi negada a riqueza da vida na diáspora e seu papel na sobrevivência do judaísmo. Assim, discordando e criticando outras tendências do judaísmo, não podemos deixar de reconhecer as contribuições de cada uma delas, ainda que muitos de seus aspectos nos sejam inaceitáveis. Em suma, devemos ser *pluralistas*, não como expressão de tolerância em relação à diferença, mas de reconhecimento da parcialidade de cada visão de mundo e da importância da diversidade.

Diferentemente do judaísmo secular do século XX, que se fundava em certezas sobre o sentido da vida e da história, os judeus seculares do século XXI valorizam a incerteza como fonte de liberdade e de compaixão. As certezas dividem e separam, enquanto assumir as incertezas, as dúvidas e os temores diante do desconhecido, do sofrimento e da morte, nos dá a devida proporção da condição humana. As religiões institucionalizadas reconhecem que as dúvidas invadem inclusive os crentes mais devotos. Mas para elas as dúvidas são momentos de fragilidade e devem ser combatidas. As pessoas seculares, das mais diversas tradições culturais, vivem as dúvidas e as in-

INTRODUÇÃO

certezas sobre o sentido da vida não como uma fragilidade, mas como algo que nos humaniza, que alimenta nossa curiosidade e que nos leva a permanecer abertos a novas respostas e à valorização de outras culturas.

O ateísmo ou o agnosticismo na modernidade são tanto um questionamento mais geral sobre a existência de Deus quanto uma discussão particular com um certo Deus, aquele dado pela tradição de cada indivíduo. Quando um judeu se define como agnóstico ou ateu, ele expressa tanto a influência geral do pensamento e dos valores modernos que colocam em questão a existência de Deus quanto um questionamento particular, no interior do judaísmo, sobre a capacidade da religião judaica de dar respostas convincentes à procura do sentido da vida em geral e do judaísmo em particular.

O judaísmo secular se construiu inicialmente em oposição a uma tradição religiosa que era vivida como opressiva e paralisante. Sem dúvida, um diagnóstico correto na época. Não foi casual que os que lutaram no levante do Gueto de Varsóvia, os construtores do Estado de Israel e os que desenvolveram a cultura iídiche, tenham sido, em sua grande maioria, judeus seculares que se opunham à ortodoxia religiosa. No mundo contemporâneo, porém, junto com o renascimento fundamentalista, dogmático e autoritário, surgem novas correntes em que a religião assume tendências renovadoras, com orientações profundamente humanistas.

O divisor central que se coloca para o judaísmo hoje não é se Deus existe ou não, um tema de foro íntimo, mas o lugar da religião nas relações humanas e no espaço público. Uma divisão que se dá entre aqueles que aceitam uma visão pluralista e aqueles que querem estabelecer um monopólio na definição do que seja judaísmo; entre aqueles que consideram que homens e mulheres possuem os mesmos direitos e aqueles que justificam uma posição subalterna para a mulher ou condenam o homossexualismo; entre aqueles que utilizam a religião para impor suas verdades como absolutas e aqueles que acreditam na democracia e separam a política do mundo das crenças transcendentais. Assim, a questão não é a existência ou não de Deus — pois o século XX nos ensinou que o ateísmo, também ele, pode ser uma ideologia inquisitória e totalitária —, mas se, em nome de Deus, ou do ateísmo, alguém se considera no direito de impor aos outros suas crenças.

O que distingue um judeu humanista de alguém que não o é, portanto, não é Deus, comer *kasher* (alimentos permitidos) ou usar *kipa* (solidéu). Eles representam um divisor de águas apenas na medida em que são usados para desqualificar o judaísmo do outro e diminuir sua legitimidade no espaço público. O que caracteriza o judeu humanista é a orientação prática de respeito e valorização da dignidade humana de todas as pessoas e de todos os povos, não permitindo que as crenças ou os sentimentos de identidade coletiva desumanizem aqueles que deles não participam. Nesse sentido, o judaísmo humanista é um esforço constante de reinventar a tradição para que ela possa ser parte, e não empecilho, da luta pela dignidade de todo ser humano.

Por todas essas razões, o judaísmo humanista secular, neste século XXI, deve estar profundamente associado à defesa da democracia. A liberdade de consciência, o reconhecimento da dignidade de todo ser humano, a justiça social, são valores fundamentais, mas que podem virar retórica se não estiverem ancorados em instituições que assegurem na prática esses direitos e a luta por novos direitos. A democracia é fundamental para o Estado de Israel e é a única salvaguarda para que os judeus na diáspora possam se desenvolver em paz e dignidade. Ela deve ser o padrão da organização das comunidades judias. Somente o diálogo, o respeito e a capacidade de convivência com as tensões que naturalmente gera a diversidade de correntes do judaísmo podem manter a unidade dentro da diversidade.

INTRODUÇÃO

Nas últimas décadas, as mudanças dentro do judaísmo têm se acelerado, produzindo insegurança em muitas instituições judaicas, levando-as muitas vezes ao enclausuramento e ao afastamento das vozes dissonantes. Como argumentou Albert Hirschman, quando as organizações das quais somos parte nos deixam descontentes, nossa primeira reação é expressar nossa insatisfação, usar nossa voz. Mas a disposição de protestar depende do grau de lealdade, de nossa vontade de não abandonar o barco. Na medida em que nossa voz não é ouvida, nossa lealdade diminui, e muitos optam pela saída. O autor deste livro, embora respeite essa opção, acredita que ela pode ser tanto empobrecedora — pois implica o afastamento de uma tradição enriquecedora — como desnecessária.

Boa parte dos novos ventos sopra no sentido da renovação, e os judeus, em sua grande maioria, cada vez mais se orientam para um judaísmo sem medo de se abrir para o mundo. De forma crescente, estão surgindo novas formas de judaísmo que rompem com os modelos da tradição, religiosa ou secular, respondendo aos desafios dos tempos atuais. O judaísmo hoje é extremamente diverso e rico, embora boa parte dessa diversidade seja desconhecida inclusive pela maioria dos judeus. Em geral, trata-se de um judaísmo muito diferente do praticado pelos nossos antepassados, aberto para o mundo, não fundado no medo da perseguição, mas no orgulho de ser parte de uma cultura e de uma história com enormes ativos, que se enriquece no intercâmbio entre *ydn* (judeus) e *goym* (não judeus), em lugar de excluir-se e isolar-se.

Como toda identidade cultural, o judaísmo é uma mistura de destino e escolha. Por quase 2 mil anos, as circunstâncias históricas levaram a que ser judeu fosse vivido como um destino. Cada vez mais é uma escolha. Escolha de ser judeu e escolha de como sê-lo. De nascer judeu e querer continuar sendo. De ser judeu e querer que os filhos também o sejam. De não nascer judeu e se dispor a compartir a vida com judeus e ter filhos judeus, ou simplesmente ser judeu por identificação.

Nossa percepção da realidade se dá por meio de conceitos que delimitam tanto o objeto como o valor que lhe outorgamos. Lutar para mudar o mundo — o pessoal e a sociedade — implica um esforço constante no sentido de perceber a realidade de forma diferente, isto é, dar novos significados a velhos conceitos e, se necessário, criar outros. O sentido último da liberdade como direito inalienável é a possibilidade de cada indivíduo elaborar autonomamente sua própria percepção da realidade e apresentá-la ao debate no espaço público. E isso inclui o que é ser judeu e o sentido do judaísmo.

O judaísmo sobreviveu pela capacidade constante de renovar-se e adaptar-se às novas circunstâncias. Espero que este livro contribua para identificar essas novas tendências e promover uma visão pluralista do judaísmo. Toda resposta a perguntas como "Quem somos?, Que caminho devemos seguir?" estará sempre repleta de tensões e contradições. Nós, indivíduos e grupos sociais, somos vetores de desejos e valores contraditórios. O discurso intelectual tende a criar a ilusão de que é possível ser coerente, quando a nossa experiência nos ensina que a realização absoluta de um valor pode significar abdicar ou anular outros valores igualmente importantes. Individualismo e solidariedade muitas vezes entram em choque, assim como valores particularistas e universalistas. Viver em liberdade significa não só a possibilidade de escolher, mas também reconhecer que ela implica conciliar valores diferentes num esforço permanente de dosagem e respostas criativas.

E, para aqueles que procuram respostas no judaísmo, lembrar que o problema não é o que é ser judeu — já que o judaísmo é múltiplo —, mas escolher o judeu que se quer ser.

PRIMEIRA PARTE Uma cultura em mutação

O que são os judeus?

Para definir algo ou alguém usamos sistemas classificatórios, isto é, conceitos que nos permitem identificar uma entidade como parte de um conjunto de fenômenos similares e diferençá-la do restante. Por nossa própria experiência, sabemos que todos os sistemas classificatórios são limitados, ninguém gosta de ser "enquadrado", pois cada realidade individual é multifacetada e está em constante mutação. Também sabemos que conceitos gerais escondem uma enorme diversidade de fenômenos e que, se bem eles sejam necessários, são particularmente estreitos para pensar as realidades culturais. Mais ainda, quando as noções que mobilizamos para entender a realidade são retiradas da cultura na qual vivemos, que transforma em "naturais" formas extremamente parciais e bitoladas de ver o mundo, dificultando nossa capacidade de compreender outras formas de vivenciar e interpretar a vida social.

No caso do judaísmo, geralmente o caracterizamos como religião, povo, etnia ou identidade coletiva. Por que essa variedade de definições? Porque são os conceitos que a cultura dominante nos oferece, com cada uma dessas definições enfatizando uma dimensão particular do que seja a "essência" do judaísmo. Mas o problema é que nenhuma definição é suficiente para delimitar na prática a riqueza da condição e da cultura judaica, cuja realidade efetiva se aproxima mais da imagem de uma cebola, constituída por diversas camadas, do que à de uma fruta com um núcleo no centro. Senão, vejamos: um judeu religioso ultraortodoxo continua considerando judeu alguém que se define como ateu e antirreligioso, ou mesmo alguém que se converteu a outra religião, caso tenha nascido judeu ou se convertido ao judaísmo. Por sua vez, grande parte dos judeus que não se consideram religiosos participam, em maior ou menor medida, de ritos e cerimônias com conteúdos ou origens religiosos. O Estado de Israel define como judeu, com direito a receber a cidadania, uma pessoa com um avô judeu, enquanto o *establishment* religioso local, que certifica quem é judeu, só aceita como tal aqueles que nasceram de mãe judia ou os convertidos de acordo com suas regras.

Em suma, o judaísmo, na prática, é uma identidade inerentemente plural e, sendo várias coisas ao mesmo tempo, não se enquadra em sistemas classificatórios rígidos e unívocos. Para superar essa limitação, alguns autores procuraram conceitos mais gerais, como civilização judaica, cultura judaica ou mesmo tribo ou família. Qualquer categoria, quanto mais ampla melhor, podendo ser útil com a condição de não esquecer que cada vez que procuramos encontrar um conceito que defina o que seja judaísmo, o que estamos fazendo de fato é enfatizar algum aspecto específico que valorizamos mais. Apesar da definição dada por cada grupo ou indivíduo, o judaísmo na vida das pessoas é uma realidade em constante (re)definição, constituída por múltiplas emoções e sensibilidades, em que, de alguma forma, estarão presentes os mais variados componentes da experiência individual, dos pais, avós, esposa ou esposo, e, por extensão, a cultura e a psicologia de uma entidade que possui 3 mil anos de história. As formas pelas quais elas permeiam a vida de cada judeu são variadas e pessoais, e mudam no decorrer do contexto biográfico e histórico.

O QUE SÃO OS JUDEUS?

O judaísmo é um sentimento, uma experiência emocional de identificação com um universo psicológico e cultural que foge às definições, mas dentro do qual se incluem todos aqueles que de uma forma ou de outra se sentem identificados com ele. Isso porque o judaísmo moderno se fragmentou, e todos os seus fragmentos fazem parte do judaísmo. As identidades judaicas na modernidade são múltiplas. Assim, a unidade do judaísmo não pode ser dada por uma única corrente que se sobrepõe às outras, mas pelo reconhecimento da contribuição de cada fragmento para a vida judaica, ainda que muitas vezes parte do que outro acredita ou pratique fira nossa sensibilidade. Em vez de nos preocuparmos com a fragmentação do judaísmo, devemos celebrá-la, pois é ela que gera a riqueza e a vitalidade de um pequeno grupo formado por 13 milhões de pessoas. O que não significa que devemos evadir as tensões e o confronto de ideias, pois são fundamentais para o autoesclarecimento e — por que não? — o proselitismo a favor de cada posição, mas sem procurar retirar do outro a legitimidade de sua forma de expressar seu judaísmo.

A construção desse mosaico de vivências de ser judeu passa pelos 3 mil anos de história que desembocam na multiplicidade contemporânea de expressões individuais e coletivas de ser judeu. Embora fuja deste ensaio qualquer ambição de síntese da história judia, para entender onde nos encontramos, devemos nos referir, ainda que de forma resumida, aos diversos períodos históricos em que se cristalizaram modelos variados de judaísmo. Esses modelos, em geral de forma inconsciente, continuam moldando o presente e se expressam numa miríade de sentimentos, práticas e discursos que associam os indivíduos ao judaísmo. Para mudar o presente devemos entender o passado, pois ele mostra que o que hoje aparece como formas naturais de ser judeu é produto de decisões tomadas em circunstâncias históricas específicas. Portanto, pode ser mudado.

O judaísmo bíblico

A Bíblia é o texto de referência dos judeus, independentemente da importância que a ela possa ser dada, da crença na veracidade ou não de seus relatos ou mesmo do fato de que tenha sido lida, pois nela se encontram os mitos fundadores que no imaginário coletivo fazem de um indivíduo concreto parte de uma comunidade. A Bíblia define uma filiação, relatos e arquétipos de uma origem comum presentes no imaginário de judeus e não judeus, em particular as histórias de Abraão, da saída do Egito liderada por Moisés e do reino de Israel consolidado por Davi, a partir das quais se desenrolaram 3 mil anos de história.

Entendamos bem. Trata-se de uma forma possível de ler a Bíblia. Ela foi ressignificada por outras religiões, e também pode ser analisada como obra literária ou histórica. Mas, em relação aos judeus, é um livro que conta o início da saga de um grupo, que desemboca pelos caminhos mais diversos na vida das pessoas que se definem como judias. Inclusive, como veremos, o fato de que as outras duas grandes religiões monoteístas, o cristianismo e o islamismo, tenham dado a este relato um significado diferente é parte constitutiva do contexto cultural no qual a cultura judaica se constituiu e se constitui até os dias atuais.

Dividida em três partes, com um total de 24 livros, a Bíblia ou *TaNaCh* (*Torá* — Pentateuco; *Nevihim* — profetas; e *Ketuvim* — escritos) entrelaça histórias individuais e coletivas, valores e legislação, e sobretudo relata o percurso da aliança de um povo com Deus, durante o qual vai mudando a representação de Deus, do povo e da aliança. Na Torá, o Deus dos judeus entra em conflito com outros deuses locais, e é mencionado até mesmo o culto do israelitas à deusa Ashera e sacrifícios para Azazel. Deus recebe vários nomes — possivelmente expressão das divindades das diversas tribos —, inclusive o de Elohim, deuses no plural.

A versão canonizada da Bíblia foi consolidada durante o domínio persa, possivelmente no século V ou IV a.C., e nela se superpõem textos de vários períodos. O texto bíblico reflete autores diversos, que expressam crenças e interesses diferentes, como a dos sacerdotes, da monarquia e de críticos de ambos. Como num filme rodado em diferentes épocas e depois editado sem considerar o momento da filmagem, a Bíblia, por exemplo, situa no tempo da saída do Egito mandamentos que foram elaborados muito mais tardiamente. Do exame filológico, que identifica a antiguidade relativa das diferentes partes do texto bíblico, emerge um relato no qual Israel foi evoluindo nas formas de representação de Deus — politeísmo, monoteísmo nacional, que não excluía a existência de outros deuses, monoteísmo exclusivo —, nos sentidos de sua aliança com o povo de Israel e na visão que os próprios judeus tinham de seu lugar no mundo.

O primeiro conjunto de livros, a Torá (Pentateuco) relata nas primeiras páginas a criação do mundo, dos seres vivos, do primeiro homem e da primeira mulher (inclusive apresentando duas versões desse evento). No início, a história da "humanidade" é contada em curtos episódios relativos aos filhos de Adão, à construção da Torre de Babel e ao dilúvio. Após o dilúvio, do qual só se salvam a família de Noé e os animais que ele levou na arca (e certamente os habitantes do mar), Deus realiza uma aliança com a humanidade, por meio da qual ele se compromete a não destruir mais os seres vivos, exigindo como contraparida os chamados mandamentos Noahicos, que incluem a proibição de matar. O restante da Torá apresenta o percurso e os percalços da relação entre Deus e os judeus. Ela se inicia com a saída de Abraão da casa dos pais para uma terra distante e sua disposição de sacrificar o filho Isaac por ordem divina. No último momento, Deus manda substituir o sacrifício por um bezerro e a circuncisão passa a ser o sinal da aliança com Abraão e seus descendentes, a quem Deus promete a terra de Canaã e uma prole numerosa.

A história de Abraão é seguida pela saga de seu filho Isaac e o neto Jacó (que recebe o nome de Israel), cujos filhos darão origem às 12 tribos (pois os filhos de José darão lugar a duas tribos, Efraim e Menashe, e a filha Dina não produzirá tribo, já que a Bíblia é patrilinear). A falta de alimentos em Israel leva Jacó e seus filhos ao Egito, onde posteriormente serão escravizados, dando início a uma nova etapa de sua história.

Moisés lidera a saída do Egito (de onde, de acordo com a Bíblia, os judeus saíram acompanhados de outros povos) e cria a legislação que será a nova base da aliança com Deus. O povo de Israel se compromete a cumprir os mandamentos divinos, e Deus, a protegê-lo (e castigá-lo em caso de não cumprimento). Os mandamentos associados a Moisés incluem os sacrifícios que devem ser oferecidos a Deus e que asseguram o sustento dos sacerdotes, os associados à separação do puro e do impuro, em particular as leis dietéticas, as regras sobre a vestimenta, a proibição de contato com certos tipos de doenças, mulheres menstruadas e mortos, e leis sobre o descanso da terra. As leis relativas às relações sexuais, ao incesto e ao não desperdício do sêmen (a proibição da masturbação, do homossexualismo, da zoofilia) possivelmente estão ligadas à preocupação com a expansão da população e com a diferenciação de práticas aceitas em outras culturas da região.

Leis que separam relações e atos sociais entre puros e impuros, sejam dietéticas, indumentárias ou de casamentos intrafamiliares, existem em todas as culturas, e certamente as da Bíblia se nutrem — e por vezes procuram diferençar-se — de tradições da região. O esforço central do texto bíblico é no sentido de afastamento dos ritos de fertilidade e culto às forças da natureza dos povos vizinhos, embora ele nunca seja completo. Assim, festividades bíblicas não deixam de manter uma forte relação com o ritmo de vida de um povo agrícola.

A Torá instaura o que, talvez, foi a principal contribuição original da cultura judaica à civilização humana, o *Shabat*, o dia de descanso semanal. Outros mandamentos procuram assegurar um sistema de justiça imparcial, a liberação periódica de escravos, o descanso da terra, o respeito pelo estrangeiro, leis sobre empréstimos e formas de colheita que assegurem que as sobras sejam recolhidas pelos pobres.

Nos livros dos profetas, o relato continua com as vicissitudes da ocupação de Canaã, as lutas contra os povos locais dirigidas pelos juízes — líderes escolhidos *ad hoc* —, e o surgimento da monarquia. A monarquia em Israel está repleta de conflitos dinásticos, que levam à divisão das tribos israelistas em dois reinos, Judeia — com Jerusalém como capital — e Israel — com capital na Samaria. Finalmente, ela relata a destruição do reino de Samaria e de seu Templo pelos assírios (722 a.C.), e do reino de Judeia e de seu Templo pelos babilônios (586 a.C.). O relato histórico finaliza com os eventos associados à reconstrução do segundo Templo de Jerusalém, graças ao retorno a Jerusalém de membros da elite exilada, com autorização do imperador persa Ciro, o Grande.

Junto com o relato histórico, aparecem as pregações dos profetas. Tanto nos reinos de Judeia e Samaria como no exílio, os profetas ocupam um lugar central. Eles admoestam os reis e o povo por se desviarem dos mandamentos divinos, explicam o passado e preveem o futuro.

O grande desafio dos profetas foi explicar as derrotas, a ocupação, o exílio e a destruição dos reinos de Israel e Judeia. Afinal, a Bíblia construía uma história de um povo pequeno que consegue enfrentar os inimigos mais poderosos graças a sua aliança com Deus. O que teria acontecido com essa aliança? A resposta dos profetas foi que o abandono dos mandamentos divinos pelos reis, e por vezes também pelo povo, teria levado Deus a retirar a proteção a Israel. Os grandes impérios teriam sido instrumentos de Deus para castigar o povo judeu. Mas o pacto de Israel com Deus seguiria vigente, e finalmente, com a chegada do Messias, Israel voltaria a recuperar seu esplendor e ser *or lagoim*, luz para os povos.

O Messias, na tradição bíblica, era alguém ungido com azeite como sinal de escolha divina, destinado a cumprir uma tarefa especial, como foram os sacerdotes, os juízes e os reis. Os profetas dão à chegada do Messias um novo sentido, não só de líder do povo, mas de criador de um novo tempo de paz e prosperidade.

Assim, os profetas inventaram a primeira versão da história universal relatada do ponto de vista de um povo pequeno e derrotado: a ascensão e a queda dos impérios seriam parte da vontade divina; a história, não só a judaica, mas a dos impérios, estaria submetida a uma lógica transcendental cujo sentido final era dado pela chegada do Messias.

Com os profetas, o judaísmo passa de um monoteísmo nacional para o monoteísmo universal. Com eles, se consolida a ideia de povo escolhido entre todos os povos. Mas a confirmação dessa eleição, que se expressa na proteção divina, ficaria adiada para o dia da chegada do Messias, introduzindo uma nova dimensão no judaísmo, a esperança messiânica, que permite suportar o sofrimento do presente na expectativa da redenção futura.

A visão dos profetas transformou tanto a percepção da história quanto do papel dos grupos e indivíduos dentro dela.

Em vez de responsabilizar o destino, os deuses, os inimigos ou o azar pelos acontecimentos, os profetas associaram os percalços da história a erros ou acertos na conduta moral. Criaram, assim, a culpa individual e coletiva, que tanto produziu a interiorização da responsabilidade moral como gerou um sofrimento desmesurado, produzido pela onipotência da suposição de que o que acontece com os indivíduos e o grupo é causado unicamente pelos seus atos.

O etos dos profetas contém fortes componentes éticos e universalistas. Eles não só denunciam o não cumprimento dos mandamentos, como criticam a preocupação excessiva com os aspectos formais da religião, como os sacrifícios no Templo, que perdem de vista o conteúdo. Em alguns textos, a chegada do Messias é apresentada como a redenção não apenas do povo judeu, mas de toda a humanidade.

A Bíblia nos oferece uma enorme variedade de dramas individuais e coletivos que permitem as interpretações mais diversas, nas quais é possível encontrar inspiração para diferentes ideais e valores. Ela contém exemplos de lutas pela libertação, como a saída do Egito, leis de justiça social e princípios éticos, como "amarás o estrangeiro como a ti mesmo", mas também orientações distantes de valores humanistas, particularmente as punições severas para os que se afastam dos mandamentos.

A força da Bíblia, e também suas ambiguidades, se encontra na apresentação dos conflitos e das fragilidades dos humanos e de um Deus com características humanas. Muitos leitores modernos têm dificuldade de aceitar como texto sagrado um livro no qual Deus aparece possuído não só por sentimentos de compaixão e justiça, mas também de raiva e destruição; no qual se apresentam histórias pouco edificantes, como as dez pragas sofridas pelos egípcios, a total destruição da população de Jericó e da família de Korach (que se opõe à decisão de Moisés de nomear a família de seu irmão como a casta sacerdotal). A Torá possui princípios morais e de justiça social

O JUDAÍSMO BÍBLICO

que continuam atuais e outros que, se fossem levados ao pé da letra numa leitura fundamentalista, suporiam formas inaceitáveis de violência, intolerância e crueldade.

No texto bíblico, transparecem conflitos políticos e sociais, como aqueles entre os que desejavam que as tribos fossem unificadas pela unção de um rei e os que se opunham à monarquia, incluindo Deus. Ele coloca na origem da árvore genealógica do rei Davi, Rute, que não só não é judia, mas moabita, um dos povos amaldiçoados no Pentateuco. O Cântico dos Cânticos, um texto extremamente sensual, ou o Eclesiastes, um texto pessimista, no qual a figura de Deus está praticamente ausente, dão à Bíblia uma enorme versatilidade. E muitas vezes o discurso profético alcança horizontes de universalidade que se estendem além das terras de Israel.

No relato bíblico apresentam-se múltiplos modelos de judaísmo e de ser judeu: Abraão, o negociador, mas também fanático a ponto de se dispor a sacrificar seu filho; Moisés, o estadista e legislador, mas que duvida de suas habilidades para liderar seu povo; Sansão, o herói que defende os israelitas com sua vida, mas que se sente atraído pelo mundo pagão, suas orgias e mulheres; Davi, o pequeno guerreiro que enfrenta o gigante Golias e transforma Jerusalém na capital, mas que também é atraído pela mulher de seu general, que ele envia à morte na guerra; Salomão, o sábio cosmopolita, mas preocupado com a expansão de seu reino; enfim, os profetas com seu radicalismo moral.

Justaposição de vários relatos orais de épocas diferentes, elaborados num período de quase um milênio, a Bíblia se apresenta como um texto complexo, formado por várias camadas e influências diversas, versões variadas e repetitivas de mandamentos e eventos. Em lugar de um produto acabado e coerente, temos uma trama que não constitui um tratado filosófico ou um guia de princípios éticos. Ela conta a história de seres humanos e suas relações com Deus, nas suas contradições, fragilidades e grandezas, e de múltiplos heróis e mandamentos que permitiram os mais variados usos e leituras.

Como veremos, a diversidade de histórias e de sentidos que lhe podem ser dados, as incongruências, repetições, versões não monoteístas de Deus, os mandamentos pouco específicos e as histórias de personagens centrais cujas práticas são distantes dos mandamentos divinos constituíram o substrato a partir do qual as gerações posteriores elaboraram diferentes interpretações para resolver as tensões e contradições do texto original. Em boa medida, a história do judaísmo é a das relações complexas entre o texto original da Bíblia e suas interpretações.

Na Bíblia, aparecem os valores e os temas centrais de acordo com os quais o povo judeu interpretará e dará sentido a sua experiência histórica: a Terra Prometida, a aliança com Deus, Jerusalém, a diáspora, inimigos que buscam exterminar o povo de Israel, as divisões internas, a dependência das mudanças geopolíticas, o conflito entre os interesses políticos e os religiosos, entre os mandamentos, como forma e como conteúdo, e a esperança messiânica.

Mas sobretudo, e isso será a marca mais profunda da Bíblia sobre a psique coletiva dos judeus, apresenta a história de um povo minúsculo, localizado no cruzamento entre a Ásia e a África, no coração do mundo antigo, destinado a ser destruído pela passagem dos impérios, que se sobrepõe a todos os percalços e encontra forças para sobreviver. Foi essa obstinação em continuar a existir, apesar dos sinais inversos dados pela experiência e pela história, que levou os profetas a transformar os impérios em instrumentos de Jeová e a acreditar que um dia Israel voltaria a ocupar seu lugar de "luz para os povos". Essa capacidade de resistir, essa resiliência, permitiu a própria existência da Bíblia, talvez o documento mais antigo escrito por um povo que sobreviveu a múltiplas derrotas e que conseguiu contar sua história, que geralmente é escrita e interpretada pelos poderosos e vitoriosos.

O período greco-romano e as variedades de judaísmo

O pequeno espaço territorial e a aridez da terra de Israel fizeram com que parte de sua população emigrasse desde cedo, ao que se agregou o exílio das elites na Babilônia, após a destruição do primeiro Templo, cidade que se transformaria num grande centro cultural judaico por um milênio.

Antes da destruição do segundo Templo (70 E.C.), boa parte dos judeus já vivia fora da terra de Israel, cuja população foi radicalmente dizimada somente após o levante contra Adriano (132-135 E.C.). Indicação da importância da diáspora na época da destruição do segundo Templo é o relato do historiador judeu-romano Flávio Josefo sobre as expectativas dos grupos que se levantaram contra o império romano de que os judeus da diáspora enviariam armas e apoio.

Como indica Martin Buber no seu livro *Moisés*, a característica central do judaísmo é ser um povo errante, que absorve constantemente elementos da cultura exterior. As influências externas, ao mesmo tempo em que modificam a cultura judaica, são transformadas no processo de assimilação, adquirindo novos significados. Buber mostra que praticamente todos os elementos que estão na Bíblia, a começar pela língua e a escrita, são caudatários das culturas do Oriente Médio, de onde teriam sido retirados pelos hebreus. Buber indica que a única contribuição totalmente original do judaísmo teria sido a criação do sábado como dia de descanso (que já existia como dia sagrado na Babilônia, mas era celebrado com ritos de autopunição e expiação). A absorção de elementos da cultura externa é um processo lento, que vai permeando costumes e atitudes cotidianas. Mas são as elites, responsáveis pela elaboração e codificação da versão "oficial", que vivem essas influências externas como problemas que exigem respostas intelectualizadas. As diferentes interpretações geram guerras culturais em torno de qual seria a "verdadeira" tradição.

As novas influências são vividas de forma mais dramática em contextos de abertura cultural, como são os tempos modernos e como foi o período greco-romano. Nos períodos em que a cultura externa procura se impor pela força ou isolar a cultura dominada, é mais simples se fechar sobre si mesmo e manter a tradição herdada. Mas quando as influências externas se dão por intermédio de exemplos e argumentos, a tradição entra em crise e as elites se dividem sobre como integrar os novos ares do mundo.

Embora toda comparação entre períodos históricos tenha suas óbvias limitações, pois a história nunca se repete, o período greco-romano tem importantes similitudes com os tempos modernos. Poderíamos dizer que foi a primeira experiência de "globalização" cultural, iniciada por Alexandre e consolidada pelos séculos de *Pax* Romana. Até o poder imperial transformar o cristianismo em religião de Estado, constituiu-se um espaço que incluía todo o Mediterrâneo e o Oriente Médio, onde conviviam, interagiam e se influenciavam as mais diversas tradições culturais, sob a égide do helenismo. O resultado dessa experiência foi o surgimento de novas versões sincréticas de velhas culturas e religiões, inclusive do judaísmo, e o surgimento de novas religiões a partir de velhas culturas, como foi o cristianismo.

A cultura greco-romana não somente se apoiava na filosofia grega e no politeísmo aberto às mais diversas religiões e crenças,

O PERÍODO GRECO-ROMANO E AS VARIEDADES DE JUDAÍSMO

como constituía uma forma de vida cujo epicentro era a pólis, a cidade grega. Nela encontravam-se o *lyceum*, o teatro, o circo, o *gymnasium* e os banhos, que irradiavam valores culturais e um estilo de vida. Essas influências penetraram o judaísmo, que se dividiu em diferentes correntes que se enfrentavam como partidos e movimentos sociais no interior da mesma tradição.

Cada corrente do judaísmo desenvolveu sua própria versão sincrética da tradição bíblica, integrando as novas crenças e os discursos da época. Mas o judaísmo não só se modificou, como influenciou a vida cultural do império romano. O judaísmo na época era extremamente bem-sucedido em termos de proselitismo. Calcula-se que no Império Romano, no período do segundo Templo, entre 5% e 10% da população livre era judia ou judaizante (pessoas identificadas com o judaísmo, mas que só circuncidavam seus filhos).

Com as conquistas de Alexandre, a influência helênica chegou às elites de Jerusalém. O Livro dos Macabeus menciona a abertura de um *gymnasium* pelo sumo sacerdote. Mas quando no ano 167 a.C. o rei selêucida (uma das três dinastias em que se dividiu o império de Alexandre) Antíoco IV começa a perseguir a prática do judaísmo e impõe o culto de Zeus no Templo de Jerusalém, explode uma revolta armada.

A revolta, dirigida pelo sacerdote Matatias e seus filhos da família dos Chashmonaim (que ficaram conhecidos como macabeus, em razão do nome do principal líder, Judas Macabeu), derrota Antíoco e retoma Jerusalém e o Templo. O triunfo macabeu foi possível devido ao declínio interno do Império Selêucida e ao vazio geopolítico da região, em razão dos problemas pelos quais os outros reinos vizinhos passavam.

A vitória macabeia dará lugar à festa de *Hanuca*, na qual se comemora o milagre de uma pequena quantidade de óleo consagrado iluminar durante oito dias a chama eterna do templo recém-reconquistado. O símbolo da festa é a Hanukia (candelabro de oito braços), que junto com a Menorá, de sete braços, localizada no Templo, constituem os principais símbolos judaicos, já que a estrela de Davi só foi associada ao judaísmo em época relativamente recente.

Os reis macabeus (140-37 a.C.) conquistam novos territórios e convertem os povos submetidos, mas a expansão se detém nas fronteiras bíblicas correspondentes ao reino de Israel na época de Salomão. A dinastia macabeia rapidamente começa a ser influenciada pela cultura helênica, e os últimos reis assumem nomes gregos. Finalmente, eles são derrotados pela nova potência do mundo mediterrâneo, Roma, que porá fim, por 2 mil anos, à autonomia política dos judeus na terra de Israel.

No reino macabeu, e mais ainda no período romano, as divisões internas de Israel se multiplicam. De acordo com Flávio Josefo, a intervenção romana inclusive teria sido solicitada por judeus dissidentes, insatisfeitos com a helenização dos reis macabeus. A principal divisão interna, no período greco-romano, era entre saduceus e fariseus, que, em linhas gerais, estavam associados respectivamente aos sacerdotes e às classes médias urbanas. Ambos compartilhavam o desprezo pelo povo camponês inculto (os *am haaretz* — literalmente, povo da terra). Os saduceus seguiam a Bíblia ao pé da letra, enquanto os fariseus, fundadores do judaísmo rabínico, que, como veremos, dará lugar ao Talmude, apoiavam interpretações que iam muito além da versão literal do texto. Assim, por exemplo, os saduceus apoiavam a aplicação da lei de talião (olho por olho), enquanto os fariseus propunham punições alternativas.

A luta pela legitimidade de cada corrente se deu inicialmente no interior do *Sanhedrin* (a suprema corte de justiça, dominada no período macabeu pelos sacerdotes, mas da qual também participavam sábios fariseus). Com o fim do segundo Templo, os saduceus desapareceram, e o *Sanhedrin* passou a ser controlado pelos fariseus. Os saduceus (dos quais sabemos pouco e por fontes que não lhes são favoráveis), apesar de sentirem simpatia pelo mundo helênico, se opunham à crença na imortalidade da alma individual e na existência de um outro mundo — noções que se haviam popularizado por influência externa, mas que não se sustentavam no texto bíblico. Os fariseus, por outro lado, aceitaram essas crenças e as integraram ao judaísmo, transformando-as em um componente central da tradição talmúdica, que será discutida no próximo capítulo.

Essas grandes correntes coexistiam com várias seitas, em geral com características ascéticas, como a dos essênios, e com grupos nacionalistas militantes, em particular o dos zelotes e sicários, líderes do levante contra Roma, que culminou com a destruição do segundo Templo.

Junto com esses grupos organizados, geralmente de origem urbana e cultos, a população pobre e não erudita (os *am haaretz)*, sofrendo penúrias e sufocada pelos impostos pagos a Roma, era constantemente mobilizada por líderes carismáticos que se apoiavam nas esperanças messiânicas e nos ventos apocalípticos e místicos que assolavam a região. Um desses movimentos, parte da paisagem pluralista do judaísmo da época, eram os cristãos, ou nazarenos, seguidores de Jesus de Nazaré.

A separação dos seguidores do Nazareno do judaísmo foi um processo longo e complexo, no qual Paulo teve um papel central. O afastamento foi tanto prático como teológico. Do ponto de vista prático, o rompimento se deu, de acordo com o Novo Testamento, no Concílio de Jerusalém, quando triunfou a determinação de que não judeus convertidos ao cristianismo não deveriam se circuncidar. Ainda assim, o Novo Testamento mantém a tradição fariseia de legitimar sua narrativa sustentando-a em trechos do texto bíblico. Do ponto de vista teológico, num processo que se alongara por séculos, o cristianismo integrou componentes helênicos, gnósticos e zoroastras, enfatizando a luta entre o bem e o mal, entre a carne e o espírito, e substituindo a visão messiânica judaica como redenção coletiva pela salvação individual.

Durante o período greco-romano, o judaísmo desenvolveu instituições que representavam uma alternativa ao *lyceum*, como o *Beit Kneset* (literalmente, casa de reunião, a sinagoga) e a *Beit Midrash* (literalmente, casa de interpretação, o local de estudos). Embora não exista informação suficiente sobre suas formas iniciais, aparentemente o *Beit Kneset* surgiu no exílio babilônico, funcionando como substituto para o Templo. Era um local de orações, onde a Torá era lida aos sábados, mas, como seu nome indica, era também um espaço de reunião. O *Beit Midrash* surgiu no período imediatamente posterior à destruição do segundo Templo, como local de estudo e interpretação da Bíblia, e se transformou no centro de produção de conhecimento e de formação de rabinos.

Não só em Israel a influência do mundo helênico modificou a visão dos judeus sobre si mesmos. Na diáspora, Fílon de Alexandria, cidade egípcia onde existia uma grande comunidade judia, fez uma leitura da Bíblia à luz da filosofia grega, em particular do estoicismo. Da mesma forma que os fariseus, ele valorizou a interpretação diante do sentido literal do texto. Mas sua interpretação da Bíblia seguiu um caminho distinto. Para Fílon, Deus usou alegorias para se comunicar com os humanos; ele argumentou que essas alegorias podem ser elaboradas dentro das categorias da filosofia grega.

O mundo greco-romano foi um mundo culturalmente aberto, que favoreceu a diversidade, inclusive dentro do judaísmo, em que cada corrente combatia e/ou interagia de forma aberta com as outras, influenciando-se mutuamente. A tolerância em relação à diversidade religiosa só acabou quando o Império Romano abraçou o cristianismo. Mas a essa altura o fariseísmo já tinha avançado muito na consolidação da tradição que seria dominante entre o povo judeu até a chegada da modernidade: o judaísmo talmúdico.

O judaísmo talmúdico

O fariseísmo se transformou na corrente dominante no judaísmo, embora as outras correntes, como o saduceísmo (que ressurgirá na Idade Média numa versão nova), a do caraísmo (grupo cujos remanescentes existem até hoje e que rejeita o Talmude como livro sagrado) e os seguidores da filosofia grega (denominados pelo Talmude como *apikoires* — literalmente, seguidores do epicurismo), estejam presentes implícita e explicitamente no universo rabínico como seus principais opositores.

O triunfo do fariseísmo é muitas vezes apresentado como demonstração de que o judaísmo rabínico era a única resposta possível e autêntica do judaísmo. Trata-se de uma construção *a posteriori*. O judaísmo fariseu triunfou graças a uma série de circunstâncias históricas alheias a ele mesmo. A destruição do Templo eliminou a concorrência da casta sacerdotal, que possuía uma legitimidade enorme, que os próprios fariseus nunca questionaram. A posterior transformação dos judeus num povo diaspórico eliminou as massas de camponeses, os *am haaretz*, e urbanizou boa parte dos judeus. Mas foi sobretudo o triunfo do cristianismo, já no fim do período romano, que isolou o judaísmo e criou as condições para a longa hegemonia fariseia. O isolamento imposto a partir do exterior veio ao encontro da versão rabínica, que levava os judeus a viver num mundo autorreferido. Quando as barreiras do mundo exterior começaram a ruir, nos tempos modernos, também começou a ruir o judaísmo rabínico.

A principal obra de referência do judaísmo rabínico é o Talmude, constituído por dois conjuntos de livros, a *Mishna* e a *Guemara*. Enquanto a *Mishna* interpreta diretamente o texto bíblico, a *Guemara* realiza essa interpretação apoiando-se na *Mishna*. A *Mishna*, escrita em hebraico, é formada por seis volumes, recompilados em torno do ano 200 E.C., contendo a memória de tradições transmitidas oralmente por vários séculos. O segundo conjunto, a *Guemara*, tem duas versões, a de Jerusalém, concluída em fins do século IV E.C., e a babilônica, completada no início do século VI E.C., ambas escritas em aramaico-hebraico. A versão babilônica da *Guemara* é a que prevalece.

A legitimidade do texto talmúdico se constrói em torno da visão de que existem dois tipos de Torá, a Torá *she ve ktav* (a Torá escrita, o Pentateuco, em particular, e a Bíblia, em geral), e a Torá *she ve al pe* (a Torá oral), ou seja, as interpretações posteriores ao fechamento do texto bíblico, particularmente os textos compilados pelo Talmude.

A questão que se colocava, e que até hoje continua sendo o divisor central entre as várias correntes do judaísmo religioso, é qual seria a relação entre ambas as versões. Ou, dito de outra forma, sobre que bases se sustenta a legitimidade da chamada versão oral, que em muitos aspectos expandiu, modificou e acrescentou mandamentos à legislação bíblica.

No Talmude são apresentadas três versões diferentes, sendo a premissa de todas elas que a Torá (o Pentateuco) tem origem divina e foi entregue por Deus a Moisés. Uma versão é que não somente a Torá foi entregue a Moisés, como também o conjunto das interpretações posteriores, a Torá *she ve al pe*. Uma segunda versão é que Deus entregou a Moisés as regras de interpretação da Torá escrita, a partir das quais os rabinos elaboraram a nova Torá. Finalmente, uma terceira versão, sobre a qual se constrói de fato boa parte da argumentação talmúdica, é o estabelecimento de uma relação direta entre o texto bíblico original e a nova interpretação. À pergunta: "Como sabemos isso?", ou seja, a nova interpretação, os rabinos respondem apoiando-se numa passagem do texto bíblico, que sustentaria o argumento. A confiança dos rabinos na correção de suas interpretações do texto bíblico era tal que o Talmude inclui histórias em que Deus expressa sua posição em controvérsias relacionadas a questões de pureza/impureza e os rabinos decidem em oposição à interpretação divina.

O Talmude, portanto, se fundamenta na interpretação (*drash*), na arte de retirar do texto aquilo que não aparece numa leitura literal (*pshat*). Para realizar essa interpretação do texto bíblico, os rabinos desenvolveram uma série de métodos de leitura. Esses métodos procuram inferir — por dedução, generalização e analogia — do texto bíblico um sentido não aparente. Como a suposição é de que a Torá representa a palavra divina, os rabinos usam as repetições, certa verborragia do texto bíblico, letras intercaladas (em particular a letra *vaf*, que em geral é usada como junção, equivalente à letra *e*) e métodos de leitura que lhes permitem relacionar ou fusionar palavras e frases, para apresentar suas interpretações como deduzidas do texto bíblico (por exemplo, se um mandamento aparece duas vezes, deduz-se que não é uma simples repetição, pois Deus não falaria em vão, indicando portanto um novo sentido). Em alguns casos, reconhece-se que a interpretação se origina na tradição e na autoridade rabínica (*mide-ravanam*), sem fundamento na Torá escrita. Nesse caso, o texto bíblico é considerado uma simples *asmachta*, um apoio para a regra, mas não sua origem.

Muitas das regras do Talmude eram produto de tradições desenvolvidas na prática ordinária, mas na elaboração rabínica elas adquiriram força de lei como parte de um sistema praticamente fechado e inamovível. Seja legitimando tradições retiradas das práticas cotidianas, seja produzindo inovações imaginativas, os rabinos detalharam e expandiram mandamentos que na Bíblia aparecem como indicações pouco específicas. Parte da lógica dessa expansão era criar um "cerco ao cerco". Isto é, assegurar que os mandamentos não fossem transgredidos. Um exemplo é o mandamento que ordena não cozinhar a cria no leite da mãe. A partir de vários cercos a esse mandamento, chega-se finalmente à versão que proíbe comer qualquer comida láctea com carne, devendo-se inclusive esperar o término da digestão, para que não sejam misturadas no estômago (a inclusão de galinhas — animal que não produz leite — na categoria "carnes" é uma licença rabínica). Desenvolvimentos similares se dão em relação ao *Shabat*, o dia do descanso. A Torá proíbe o trabalho físico, e os rabinos elaboraram o conceito de trabalho a ponto de excluir todo tipo de esforço físico, inclusive o de carregar peso fora do lar. Detalhamento e rigor similar foram desenvolvidos em relação aos ritos e às regras de separação em relação à mulher menstruada. No caso das bênçãos e orações a serem praticadas por cada indivíduo, praticamente inexistentes na Bíblia, os rabinos transformaram quase todo ato cotidiano em razão para realizar uma bênção, e orar três vezes ao dia passou a ser obrigatório.

A partir de algumas indicações muito gerais da Bíblia, o Talmude elaborou boa parte do aparelho simbólico e litúrgico que hoje identificamos com o judaísmo. Assim, a forma de celebrar as festas judaicas, as orações, as bênçãos, os ritos de passagem, o uso de filactérios ou os critérios pelos quais se define quem é judeu remontam de fato ao Talmude.

O JUDAÍSMO TALMÚDICO

Em lugar de princípios jurídicos abstratos e gerais, o Talmude, como boa parte da legislação do Oriente Médio, se refere a casos específicos, a situações concretas, a partir das quais a jurisprudência mais geral é estabelecida. Os rabinos atualizaram e detalharam a legislação relativa a julgamentos, a direitos civis e comerciais, e reinterpretaram a lei de talião (olho por olho), permitindo compensações materiais em lugar da punição física do agressor. Mas se os rabinos atualizaram certas punições bíblicas, não abandonaram a ideia de castigos rigorosos e uma extrema intolerância em relação aos que não cumprem os mandamentos. Ao contrário da Bíblia, as punições não incluem apenas castigos neste mundo, mas a exclusão do outro mundo e do mundo por vir com a chegada do Messias.

Em suma, os rabinos ampliaram, radicalizaram e em muitos sentidos inventaram novos mandamentos que separam o puro do impuro e as cerimônias religiosas. Muitas das novas regras só se aplicavam originalmente aos sacerdotes e outras foram inspiradas nos serviços do Templo. As orações diárias, por exemplo, passaram a ser obrigatórias para todos os homens e deviam ser recitadas várias vezes ao dia, no mesmo período em que no Templo se realizavam cerimônias de sacrifício. No judaísmo rabínico, cada lar virou um Templo, e cada judeu um sacerdote, em termos de dedicação às normas religiosas e da preocupação constante de servir a Deus e manter as regras de pureza. A santificação de cada ato objetivava criar o que um autor denomina "misticismo cotidiano", transformando cada prática numa cerimônia de contato com Deus.

O *midrash halacha* (interpretações relativas aos mandamentos) é só um componente do Talmude. Um segundo componente é o *midrash hagada* (interpretações narrativas), constituído de anedotas, metáforas e contos que se referem a passagens do texto bíblico. Nele se encontra uma diversidade de reflexões: explicações sobre o sentido de trechos da Bíblia, justificações sobre a origem divina da Torá escrita e oral, relatos sobre a história de Israel e sobre a vida dos próprios rabinos, interpretações da intenção divina, o mundo dos anjos e por vezes demônios, elucubrações sobre a chegada dos tempos messiânicos e o destino das tribos perdidas de Israel. Essas narrativas nutriram por séculos o imaginário judeu, em particular dos judeus menos cultos, que ouviam nas sinagogas as histórias de como Deus castigava os imperadores que perseguiam os judeus, engrandecia os heróis bíblicos e os rabinos, falava da chegada do Messias e oferecia lições de sabedoria prática.

O mundo do *midrash hagada* é extremamente rico e imaginativo, repleto de metáforas criativas e superstições anacrônicas, se levadas ao pé da letra. Nele convivem atitudes de abertura para o mundo não judeu, como uma nova versão dos mandamentos noahicos (que teriam sido dados por Deus a Noé), quase similares aos dez mandamentos e que seriam válidos para toda a humanidade, e tendências ao autofechamento e à xenofobia. Essa variedade de orientações, muitas delas contraditórias, faz do *midrash hagada* um enorme recurso cultural.

Finalmente, encontra-se no Talmude o *Pirkei Avot* (literalmente, "capítulos dos pais", mas geralmente traduzido como "ética dos pais"), que recolhe máximas dos rabinos. Trata-se de um texto que se aproxima de uma filosofia de vida, e, entre suas máximas, encontram-se as famosas frases de Hillel (século I A.C.): "Se eu não faço por mim mesmo, quem o fará?"; "Se eu não faço pelos outros, quem o fará?"; "Se não é agora, quando?"; e "Não faças aos outros o que não desejas que façam a ti" (em outra versão da *Mishna*: "O que é odioso para ti não faças ao teu próximo. Esta é a Torá. O resto é explicação. Vai e estuda").

O UNIVERSO do Talmude é distante da cultura greco-romana e do cristianismo católico. O Talmude não possui uma teologia nem uma série de princípios dogmáticos ou um argumento filosófico sobre Deus. Para os rabinos, Deus está presente no texto da Torá, e a única forma de aproximação é por intermédio de seu estudo e da compreensão do significado de cada palavra e frase, sobretudo por meio da prática dos mandamentos.

Igualmente, o Talmude não tem nenhuma preocupação filosófica com uma visão antropomórfica de Deus, pois, afinal, a Bíblia declara que o homem foi feito à imagem dele. Em boa medida, Atenas e Jerusalém são mundos à parte, lógica *versus* interpretação, coerência do pensamento individual *versus* aprofundamento da tradição coletiva, o mundo da natureza a ser desvendado *versus* o texto sagrado a ser aprofundado, ética *versus* cumprimento dos mandamentos.

Não que não se possa deduzir do texto talmúdico uma ética ou elementos de uma teologia, mas eles não se apresentam como tais. Embora alguns mandamentos possam hoje ser considerados como "funcionais" ou justificáveis cientificamente, eles não são seguidos por sua racionalidade. Assim, por exemplo, certas regras dietéticas podem ser justificadas por serem saudáveis, mas nem por isso um judeu ortodoxo considera que não comer alimentos com colesterol ou fazer exercícios diários sejam mandamentos divinos.

Ao contrário da filosofia aristotélica, em que a lógica impõe que só uma verdade ou versão da realidade seja finalmente a verdadeira, excludente das outras, o universo talmúdico aceita que várias interpretações sejam possíveis. A Torá, sendo a palavra divina, nunca pode ser reduzida a uma única interpretação humana, pela sua própria natureza finita e parcial. O Talmude contém sempre mais de uma interpretação para o mesmo problema, gerando debates e divisões entre escolas sobre qual interpretação deve ser seguida e um esforço renovado em cada geração de leitura e compreensão.

Mas o Talmude também se afasta do universo bíblico, que está totalmente imerso na história e nos eventos políticos, nos quais se insere a aliança entre Deus e seu povo. No universo talmúdico a história e a política são evacuados. De acordo com o *midrash hagada*, com a destruição do Templo, Deus se afasta de Israel e só retornará com a chegada do Messias. A ausência divina implicou que não seria mais possível existir profetas que pudessem vocalizar a palavra de Deus, ao qual só se pode ter acesso por meio do estudo da Torá. Mas ela também levou a considerar a história insignificante, pois Deus deixa de estar presente nela.

Assim, o mundo do Talmude passou a ignorar os eventos históricos, e os escritos rabínicos praticamente nunca se referem às situações vividas pelos judeus na diáspora, nem sequer as relatam, mesmo as mais dramáticas. Eles se relacionam a elas somente quando mobilizam problemas relevantes para a prática religiosa (por exemplo, em tempos de perseguição, o direito a se autoimolar em lugar de aceitar a conversão forçada). No universo criado pelo Talmude, o mundo terreno, a história local, praticamente desaparece. A "realidade" é a Torá, seu estudo e o cumprimento dos mandamentos. Trata-se assim de um mundo onde o real é o texto e seus significados, onde a Torá adquire um sentido transcendental, a única realidade vital, a referência à qual os judeus deviam se ater até a chegada do Messias. A vivência do tempo construída pelo Talmude é dada pelas orações, o descanso sabático, as festas anuais e a eternidade da Torá. Um tempo cíclico que só será rompido com a chegada do Messias.

A política igualmente perde seu lugar no mundo talmúdico. A experiência dos conflitos dos fariseus com os reis macabeus e dos desastres produzidos pelos dois grandes levantes

O JUDAÍSMO TALMÚDICO

contra Roma (no segundo Templo e contra o imperador Adriano) levou os rabinos a ignorar a política como mecanismo para mudar o destino do povo judeu. Os rabinos declararam: *Dina d'malchuta dina*, ou seja, a lei do reino é a lei. Negaram-se a incluir o livro dos macabeus no cânone bíblico, e, embora tenham aceitado festejar a liberação de Jerusalém e a purificação do Templo obtida graças à rebelião, a festa de *Hanuca* foi transformada na celebração não da vitória militar, mas do milagre divino que permitiu que um pouco de azeite se mantivesse aceso por oito dias. No texto da *hagada* lida na festa de *Pessach*, que comemora a saída do Egito, Moisés, o grande político e estadista que liderou o povo, é nomeado somente uma vez.

O Talmude criou um universo autocontido, que retira a temporalidade do relato bíblico, numa interpretação muito distante do original, no qual o povo e sua cultura se constroem através da passagem do tempo. Mas não só a temporalidade é retirada do texto bíblico, também a relevância da experiência histórica. No quadro do pensamento talmúdico as inovações são apresentadas como fundadas na tradição e não como adaptações às mutações na realidade social.

Embora alguns vejam o judaísmo rabínico, a partir de um olhar contemporâneo, como algo ossificado e dogmático, trata-se de uma visão anacrônica, uma reação diante da forma pela qual o judaísmo talmúdico é praticado hoje, esquecendo a sua originalidade, criatividade e vitalidade por um longo período histórico. Mais ainda, o judaísmo rabínico produziu um universo psíquico, prático e cognitivo que continua influenciando os judeus até hoje.

A cultura talmúdica teve importantes consequências não intencionais para as chances de vida e integração social dos judeus na diáspora, em particular nos tempos modernos. Ela valorizou o estudo da Torá, que, junto com os longos livros de orações que exigiam capacidade de leitura, levou as comunidades judias a atingirem um altíssimo índice de alfabetização masculina antes dos tempos modernos. Sobressair no estudo era um caminho de mobilidade social numa comunidade na qual o erudito inspirava grande respeito. A complexidade do estudo rabínico da Bíblia e a valorização da capacidade dos estudantes de encontrar problemas e novas interpretações, além do sentido explícito no texto, certamente influenciaram profundamente a psique coletiva. Elas geraram uma combinação de individualismo intelectual e crenças coletivas compartilhadas, valorizaram simultaneamente o sentido de comunidade e a competitividade para se destacar nos estudos pela capacidade intelectual e pela criatividade pessoal, enquadradas em um marco rígido de crenças. Em suma, uma cultura simultaneamente comunitária e individualista, solidária e competitiva, que reverbera até os dias atuais.

O estilo de vida definido pelo judaísmo talmúdico unificava todas as classes sociais, o que, com as instituições de caridade e o sentimento compartilhado de minoria oprimida, diminuía a distância social e produzia uma grande coesão social. Apesar das desigualdades de riqueza, o judaísmo talmúdico não possuía castas, ao contrário das sociedades cristã e muçulmana na Idade Média. Assim, diferenças entre ricos e pobres, cultos e incultos podiam ser enormes, mas nunca se cristalizaram em estamentos separados. Os sacerdotes (*cohanim* e *leviim*) perderam suas prerrogativas, à exceção do privilégio de serem chamados em primeiro lugar ao púlpito durante os intervalos de leitura da Torá e da obrigação de cumprirem com maior rigidez as regras de pureza (por exemplo, não lhes sendo permitido casar com mulheres divorciadas). Afinal, os rabinos acreditavam que, com a chegada do Messias, o Templo seria reconstruído e os sacerdotes voltariam a ocupar seu lugar.

O JUDAÍSMO TALMÚDICO

O disciplinamento do corpo e da mente exigido pelo cumprimento dos mandamentos criou um indivíduo com enorme autocontrole físico e emocional, que muitos autores associam somente aos tempos modernos. Todos esses elementos se mostraram altamente favoráveis e facilitaram a ascensão social dos judeus quando lhes foi permitido participar em todas as profissões, em sociedades em que as populações eram majoritariamente analfabetas, num mundo onde a cultura literária se restringia às elites.

O judaísmo talmúdico foi um manual de sobrevivência de um povo politicamente vencido, que se viu condenado a viver como minoria no exílio até a chegada do Messias. Isso não significa que os judeus não tenham "feito política" na diáspora, inclusive na Idade Média. Só que essa política tinha um sentido pragmático, de alianças com os poderes locais que assegurassem a proteção e prerrogativas das comunidades judias. Mas tratava-se de uma política mundana, sem nenhum significado transcendental.

O mundo talmúdico na Idade Média

O Talmude foi um enorme esforço de inovação, mas, ao mesmo tempo, criou mecanismos que acabaram com a possibilidade de questionamentos profundos. A tradição talmúdica considera que as interpretações das gerações mais antigas têm precedência sobre as gerações posteriores, criando assim um sistema de legitimação no qual existe um espaço muito limitado para inovações, que deveriam ser sustentadas com referência ao texto talmúdico. Se o Talmude transformou o *pshat* (simples) em *drash* (interpretação), o universo rabínico posterior transformou o novo *drash* se não num *pshat*, pelo menos numa senda muito estreita até a chegada da modernidade.

Até os tempos modernos, apesar da dispersão e da inexistência de uma autoridade central, o judaísmo talmúdico foi extremamente bem-sucedido em manter sua unidade. Isso não significa que não tenham surgido no seu interior divisões e tensões. Mas as mudanças no judaísmo rabínico se deram, fundamentalmente, nas margens.

Em primeiro lugar, existia o problema de definir qual interpretação, entre as várias escolas rabínicas, devia ser seguida. No Talmude, apresentam-se duas grandes escolas, associadas às lideranças de Hillel e de Shamai. Enquanto a escola de Shamai enfatiza o máximo rigor, a visão de Hillel é mais tolerante. A

JUDAÍSMO PARA TODOS

Halacha (isto é, a interpretação que deve ser seguida segundo a tradição) acompanha as interpretações da escola de Hillel. Em segundo lugar, surgiam novos problemas e situações a serem resolvidos, para os quais os rabinos, ou sínodos de rabinos, elaboravam nova legislação (por exemplo, a proibição da poligamia). Em certos casos, em particular com a expansão das atividades econômicas e o surgimento de novos instrumentos de crédito no século XVI, era necessário modificar as regras relativas a empréstimos e aos tipos de comércio permitidos com os não judeus, levando a mudanças na legislação com tênue sustentação no texto talmúdico.

A acumulação de séculos de pequenas modificações gerou a necessidade constante de organizar e sistematizar o repertório de leis e ritos. No século XVI, o rabino Yosef Karo escreveu o livro *Shulchan Aruch*, até hoje considerado a principal codificação de referência em questões de *Halacha*. Mas os esforços de compilação das leis continuam até hoje.

Além de novas interpretações, desenvolveram-se diferentes *minhagim* (costumes) em relação às formas de festejar ritos ou à organização dos livros de orações. A principal diferenciação se deu entre as tradições sefardita (associada ao mundo islâmico — que até o século XV incluía a Ibéria) e asquenazi (que se desenvolveu na Europa cristã).

Os sefarditas e asquenazim criaram tradições diferentes de estudo do Talmude. No mundo cristão, envolvido numa Idade Média durante a qual os judeus eram constantemente perseguidos e estavam rodeados de uma cultura povoada de crenças mágicas e tendências ascéticas e místicas, o judaísmo talmúdico se fechou em si mesmo, sem por isso deixar de assimilar crenças e condutas do meio católico. Entre os grandes rabinos desse período sobressai a figura de **Rashi** (Rabi **Sh**lomo **I**tzhaki), nascido na cidade francesa de Troyes no século XI, que escreveu comentários detalhados ao texto bíblico e ao

O MUNDO TALMÚDICO NA IDADE MÉDIA

Talmude que posteriormente passaram a ser referência obrigatória, incluídos em boa parte das reproduções desses textos.

Foi no mundo sefardita, em particular nos momentos de maior abertura e tolerância na Espanha sob domínio muçulmano, que se manteve aceso um diálogo explícito com a cultura externa, e no qual surgiram as figuras mais inovadoras do judaísmo talmúdico. Todos esses autores escreveram geralmente em árabe ou árabe-hebraico (árabe em letras hebraicas) e foram influenciados pela filosofia grega e as novas técnicas de leitura de textos. Assim, Salomão Ibn Gavirol, de Saragoça, no século XI E.C., se aprofundou no neoplatonismo e Moisés Ibn Ezra, de Granada (por volta de 1055-60), fez os primeiros estudos linguísticos da Bíblia e escreveu poesias que renovaram o hebraico, algumas das quais são recitadas em *Rosh Hashana* e *Yom Kipur*.

A figura emblemática da época é Maimônides, ou **Rambam** (Rabi Moshe Ben Maimon, em árabe *Imran Mussa bin Maimun ibn Abdallah al-Qurtubi al-Israili)*, que viveu no século XII. Nascido em Córdoba, sua família fugiu para o sul da Espanha e depois para o Marrocos, quando os almôades conquistaram parte da Espanha e deram fim à tolerância religiosa. Além de filósofo, era considerado um dos maiores médicos de sua época, e, nas últimas décadas de sua vida, estabeleceu-se no Egito. Lá, foi médico pessoal do grão-vizir e do sultão Saladino.

Os livros de Maimônides incluem a *Mishna Torá*, um compêndio das leis rabínicas que continua sendo uma referência até os dias de hoje, e *O guia dos perplexos*. Nele, Maimônides procura sintetizar o judaísmo com a filosofia grega, mas defendendo a versão bíblica quando ela contradiz a versão aristotélica. Ele se opõe à visão antropomórfica de Deus, que levaria à idolatria, e — seguindo os filósofos neoplatônicos — argumenta que ele só pode ser definido por seus atributos negativos (o que Deus não é). O Rambam procurou diminuir a importância do misticismo e apresentou uma versão da chegada do Messias como um evento fundamentalmente político, de reconstrução do Reino de Davi e retorno dos judeus à terra de Israel.

A obra de Maimônides foi amplamente reconhecida pelos filósofos da época, inclusive por Tomás de Aquino, mas, no mundo judeu, passaram-se séculos até que fosse valorizada, e vários rabinos censuraram a leitura de O guia dos perplexos. Com a chegada da modernidade, o Rambam passou a ser reconhecido como uma figura pioneira, seguidor do Talmude, ao mesmo tempo em que dialoga com a filosofia e reconhece a importância de estudar o mundo natural.

Além da influência da cultura islâmica, o judaísmo no mundo muçulmano teve de enfrentar o caraísmo, um movimento iniciado no século VIII d.C., na Mesopotâmia, que sustentava que o único texto sagrado era a Bíblia. O Talmude seriam mandamentos produzidos por pessoas cultas e tradições, mas não teriam a força dos mandamentos bíblicos. O caraísmo representou um movimento similar ao protestantismo, de retorno ao texto original, que devia ser objeto da interpretação direta de cada indivíduo.

A necessidade de responder aos caraítas levou a uma série de novos argumentos para legitimar o Talmude que se afastavam da resposta tradicional. Assim, Saadia Gaon (séculos IX/X d.C.), nascido em Fayum, Egito, enfatizou a necessidade de preencher lacunas no texto bíblico, para as quais o Talmude apresentaria as respostas aceitas pela tradição. Posição similar foi elaborada por Iehuda Halevi e Abraão Ibn Ezra (séculos XI/XII d.C.), ambos nascidos em Tudela, Espanha. Aceitando por um lado que os sábios talmúdicos expressaram uma tradição autêntica e correta da Bíblia, eles diminuíram a importância de exegeses rabínicas. Elas seriam asmachtas, apoios para justificar tradições, e não teriam o valor criativo que o judaísmo talmúdico pretendia dar-lhes.

Maimônides também não se sentia confortável com a versão de que o Talmude tinha o mesmo *status* que a Bíblia, em particular quando ele apresenta interpretações conflitantes. Para Maimônides, Deus não poderia ter produzido várias interpretações. Maimônides conclui que as leis que são produto de exegeses são *mi-de-rabbanam*, ou seja, produto da tradição elaborada pelos rabinos. Isso não significa, para ele, que não devam ser obedecidas, mas não podem ser colocadas no mesmo nível que as leis explicitadas na Bíblia.

Assim, num contexto em que o judaísmo era influenciado pela cultura externa e debatia com outras tendências internas, ele se viu obrigado a formular novas justificativas para legitimar o texto talmúdico. Mas era um mundo cultural onde a referência à tradição era um valor absoluto e tinha força de lei.

O fechamento do mundo muçulmano e do cristianismo marginalizou os debates sobre o fundamento do Talmude por vários séculos, até que voltaram à superfície, na modernidade, num contexto em que a tradição deixou de ser suficiente para justificar um argumento.

Junto com o desenvolvimento do universo talmúdico, o judaísmo sempre teve uma corrente mística, a cabala, cuja principal fonte de inspiração são as profecias apocalípticas de Ezequiel, em que Deus aparece num trono montado numa carroça movida por quatro animais. A cabala procura aprofundar o conhecimento das qualidades de Deus, da criação do mundo e da chegada do Messias. Uma vez que Deus não pode ser conhecido na sua essência, já que ele é infinito, a cabala é uma elaboração de suas emanações, que expressam atributos divinos (*sefirot*). Como na tradição hebraica os números eram letras do alfabeto, os cabalistas, seguindo uma tradição que já

JUDAÍSMO PARA TODOS

estava presente no Talmude, fizeram uso da gematria, a interpretação do texto bíblico pelo valor numérico das letras.

Na tradição talmúdica existem quatro níveis de interpretação da Bíblia, o *Pshat* (o texto simples), o *Remez* (o que o texto dá a entender), o Drash (interpretação) e o *Sod* (secreto, a dimensão mística). As quatro letras formam a palavra *PaRDeS* (pomar). No Talmude, existe uma grande reticência às incursões no *Sod*, a dimensão mística, pois ela poderia levar à loucura ou à apostasia. Os rabinos aconselhavam circunscrever o estudo da cabala a pessoas mais velhas, com sólida formação talmúdica.

No século XVI, a cabala se renova com as contribuições da escola de Sefad, cidade localizada na Galileia, na época sob o Império Otomano, que inspirará os grandes movimentos sociais surgidos nos séculos XVII e XVIII, o movimento messiânico de Shavetai Tzvi e o hassidismo. As principais figuras desse movimento renovador da cabala foram Isaac Luria e Haim Vital, que recompilou os ensinamentos de Luria. No centro da versão luriática encontra-se a explicação da criação do mundo pela retração *(tzimtzum)* de Deus. A retração de Deus teria sido um processo pelo qual Deus deixou de ocupar todo o espaço e, no vazio criado, ainda povoado com faíscas divinas, teria surgido o Universo. O sentido exato da retração de Deus foi e continua sendo objeto de debates no interior da ortodoxia, particularmente por permitir uma interpretação panteísta do mundo (o Universo não seria exterior a Deus, mas parte dele). Para muitos autores, essa versão estaria associada ao trauma da expulsão da Espanha e à procura de uma explicação transcendental para a diáspora. Da mesma forma que o povo judeu estava exilado, Deus se exilou para criar o mundo.

O novo misticismo veio ao encontro dos sentimentos de frustração e das esperanças messiânicas desencadeadas pela

O MUNDO TALMÚDICO NA IDADE MÉDIA

expulsão da Espanha e pelos massacres de dezenas de milhares de judeus na Ucrânia, pelo líder cossaco Chmelnitzki.

No século XVII, em Esmirna, na Turquia, um jovem rabino influenciado pelos ensinamentos cabalísticos, Shabetai Tzvi, se autoproclama o Messias. Percorrendo várias cidades do Império Otomano, ele recebeu o apoio de pessoas poderosas e de rabinos. Shabetai começou a realizar atos de transgressão das leis talmúdicas, baseando sua justificativa em referências talmúdicas de que no final dos tempos vários mandamentos seriam abolidos. Finalmente, junto com alguns de seus seguidores, ele se converte ao islamismo. O impacto de Shabetai não se restringiu ao Império Otomano. Na Europa, ele gerou uma enorme onda de apoio. As sinagogas incluíram rezas em seu louvor, e muitos judeus venderam seus pertences, preparando-se para ir para Israel. Com a conversão de Shabetai ao islamismo, o shabetaísmo perdeu sua força, embora até recentemente pudessem ser encontrados pequenos grupos de seguidores. Após a sua morte surgiram várias figuras se proclamando reencarnações de Shabetai, sendo a mais influente Jacob Frank, na Ucrânia, no século XVIII. Finalmente, ele se converteu ao catolicismo. Para os seguidores dessas seitas, a conversão e a transgressão dos mandamentos eram vistas como forma de acelerar a chegada dos tempos messiânicos.

No século XVII, também na Ucrânia, surge o chassidismo, um movimento que afetará profundamente o judaísmo. Seu fundador foi Israel ben Eliezer, mais conhecido pelo nome de Baal Shem Tov (literalmente, Possuidor de Bom Nome). Sem questionar a necessidade de cumprir os mandamentos rabínicos, Baal Shem Tov propôs uma visão renovada do judaísmo. Influenciado pela cabala de Luria, ele argumentou que Deus continua a estar presente no mundo e no interior de cada pessoa. Assim sendo, devemos ser compreensivos com os pecadores, pois toda pessoa pode recuperar suas dimensões divinas. Como a presença divina continua a estar no mundo, inclusive quando os judeus se encontram no exílio, o Universo continuaria evoluindo até a chegada dos tempos messiânicos.

O chassidismo se opôs à visão ascética da cabala de Sefad, enfatizou a expectativa messiânica, a alegria de viver e os prazeres que a vida pode oferecer sem abandonar os mandamentos, e deu importância particular às orações, à música e ao canto para atingir o êxtase e o contato com Deus. Dessa forma, colocou a intenção (*kavanah*) e a emoção, mais do que o estudo, como caminho para se comunicar com Deus. Baal Shem Tov e seus continuadores utilizavam contos e parábolas para transmitir suas mensagens, muitas vezes retiradas do folclore popular da região, em lugar da exegese erudita. Muitas dessas histórias são de uma enorme beleza e força moral.

Os milagres que eram atribuídos a Baal Shem Tov — e posteriormente aos herdeiros do movimento — e a valorização do homem simples e pouco cultivado vieram ao encontro de uma população judia na Europa Oriental que tinha sido abalada pelas perseguições e pelas difíceis condições de vida. Para alguns autores, parte do sucesso do chassidismo é atribuído ao apoio dado ao movimento por membros ricos das comunidades judias como forma de abalar o poder dos rabinos.

Embora apoiado por alguns talmudistas, o movimento chassídico encontrou fortes resistências, em particular nos grandes centros de estudo na Lituânia. Para o principal rabino da época, o Gaon (sábio) de Vilna, as interpretações de Baal Shem Tov podiam levar à negação da separação entre Deus e o mundo e à desvalorização do estudo do Talmude. O chassidismo dividiu o judaísmo religioso, e, até a Segunda Guerra Mundial, o judaísmo ortodoxo da Europa Oriental estava polarizado entre os que apoiavam o chassidismo e seus opositores (*mitnagdim*). O conflito entre ambos chegou ao uso de denúncias mútuas às autoridades locais.

Após a morte de Baal Shem Tov, o movimento se dividiu entre diferentes escolas e líderes (chamados de *rebes*), que transmitiam suas posições para seus filhos ou familiares, muitos dos quais criaram verdadeiras cortes que circulavam entre os povoados judeus, recebendo presentes e doações da população pobre, que esperava ser agraciada com milagres.

Uma das correntes do chassidismo, o *ChaBaD* (de *Chochma* — sabedoria, *Bina* — compreensão, e *Daat* — conhecimento) ou Luvabitch (pelo nome da cidade russa onde surgiu) procurou sintetizar a tradição chassídica, que valoriza a emoção, com o estudo. Transferido para os Estados Unidos antes da Segunda Guerra Mundial, o Chabad se transformou no principal movimento ultraortodoxo contemporâneo.

O movimento chassídico representa uma importante inflexão no interior do judaísmo talmúdico. Em primeiro lugar, porque criou a figura do *rebe*, com poderes especiais e uma capacidade particular, acima do povo, de se comunicar com Deus e, para muitos, de realizar milagres. Em segundo lugar, porque colocou no centro do judaísmo o estudo do misticismo e a esperança messiânica, que tinham sido contidos na tradição rabínica. Em terceiro lugar, porque na versão dos Luvabitch a crença na presença divina significa que cada judeu possui uma alma contendo uma faísca de Deus. Isso lhes deu uma tolerância em relação àqueles que não seguiam os mandamentos que não existia no judaísmo talmúdico tradicional, e promoveu uma disposição proselitista.

O sucesso do shabetaísmo e do chassidismo expressava um "cansaço" das massas judias em relação à tradição talmúdica. A chegada da modernidade criou uma oportunidade para reorientar de forma dramática o judaísmo.

Judeus, cristãos e muçulmanos

Antes de entrar nos tempos modernos, devemos fazer uma pausa para nos referir à percepção corrente que temos sobre as relações entre o judaísmo e o universo cultural no qual ele se desenvolveu durante quase 2 mil anos. Um universo sob a hegemonia do cristianismo, posição que posteriormente dividirá com o Islã. Rever nossa percepção dessa relação é fundamental para compreender o percurso do judaísmo na cultura ocidental e, dessa forma, repensá-lo.

A representação padrão que os judeus cristalizaram em relação ao cristianismo (e com menor intensidade, mas não fundamentalmente diferente, em relação ao islamismo) é uma relação de vítima com seu algoz. Essa visão se sustenta numa história de demonização, perseguição, expulsão, conversão forçada, inquisição, massacres, confinamento em guetos, queima de livros, proibição de realizar proselitismo e de atuar em certas profissões. História de sofrimento promovida por um discurso elaborado pela Igreja e pelo Islã que destilava ódio contra os judeus.

Essa atitude se alimentava da própria teologia cristã, que reconhece a Bíblia como um texto sagrado e Jesus como um judeu que pregava a seu povo. A recusa dos judeus de reconhecer Jesus como o Messias, e posteriormente Maomé como profeta, criava um problema de legitimidade para o cristianismo, e posteriormente para o islamismo. Tanto Paulo de Tarso como Maomé expressaram explicitamente a frustração de não conseguir convencer os judeus a seguirem a nova versão do relato bíblico.

A recusa dos judeus de reconhecer Jesus como o Messias levou o cristianismo a produzir variadas explicações teológicas. A principal era a de que Deus transferira sua aliança com os judeus para seu "novo povo". A diáspora do povo judeu e a destruição do Templo teriam sido um castigo divino. Mas a tradição mais daninha foi transformar Judas em símbolo do judeu, e a crucificação de Jesus em responsabilidade coletiva e eterna do povo judeu. Dessa forma, procurou-se transformar o povo escolhido da Bíblia no povo amaldiçoado por não ter aceitado Jesus como Cristo. Dessa forma, transgrediu-se o preceito bíblico de não culpar os filhos pelos pecados dos pais (supondo que tal pecado tenha existido), construindo uma cultura de ódio e antissemitismo que impregnou profundamente o cristianismo até o século XX.

Mas se essa teologia permitiu justificar os maus-tratos e as perseguições, não eliminou a ambiguidade original do cristianismo em relação ao judaísmo (afinal, os Evangelhos apresentam um Jesus judeu, cujo papel messiânico é justificado por uma genealogia que o relaciona com o rei David, e a própria Igreja festeja o ano-novo no dia da circuncisão de Jesus e a Última Ceia no dia de Pessach). Em relação a outras religiões, a Igreja e o Islã tiveram uma política única, a da eliminação pela conversão forçada, e foram extremamente bem-sucedidos nessa tarefa. Em relação aos judeus, o cristianismo e o islamismo foram mais ambíguos, porque o judaísmo tinha um lugar em suas teologias que nenhuma outra religião possuía.

A aspiração de ambos foi, e continua sendo, a desaparição do judaísmo pelo reconhecimento da divindade de Cristo ou do papel profético de Maomé. Em certas teologias evangéli-

JUDEUS, CRISTÃOS E MUÇULMANOS

cas, em voga nos Estados Unidos, a conversão dos judeus inclusive prenunciará a chegada dos tempos finais, ou seria sua precondição. Mas a conversão forçada só foi usada em circunstâncias isoladas e não foi a política oficial da Igreja. A posição do Islã, no fundamental, foi similar.

Não se trata, todavia, de escusar a Igreja ou o Islã pela violência cometida e pelo ódio que disseminaram, ainda presente em nossos dias, mas de reconhecer que essa violência foi limitada pelas relações complexas que ambos mantinham com o judaísmo. Relações que não se referiam somente ao passado bíblico comum e à origem judia de Jesus e do cristianismo e à reprodução, em versão própria, do relato bíblico pelo Alcorão, mas a uma herança comum que permitia um intercâmbio cultural que se manteve por longo tempo. Na Idade Média, bulas papais eram baixadas para proibir o contato com os rabinos, cujo conhecimento da Bíblia hebraica era reconhecido pelo clero católico; sábios muçulmanos, cristãos e judeus mantinham encontros teológicos na Espanha moura.

O judaísmo foi, e em certa medida continua sendo, para as religiões monoteístas universalizantes (o cristianismo e o islamismo) um outro que não é totalmente diferente, pois tem um lugar no discurso dominante. Como tal, não pode ser eliminado por ser totalmente diferente, mas também irrita porque não aceita ser absorvido. Assim, a relação com os judeus sempre teve a marca da ambiguidade, pois ele compartilha elementos das culturas hegemônicas, mas ao mesmo tempo não aceita a versão da maioria.

Entretanto, existe também ambiguidade do judaísmo em relação às outras duas religiões monoteístas: a dificuldade de reconhecer a contribuição do cristianismo (e do islamismo) para o judaísmo. Explico-me: os judeus se orgulham da contribuição do judaísmo à civilização, em particular do monoteísmo, dos dez mandamentos, da ideia da redenção messiânica e do dia de descanso semanal. Mas todas essas inovações teriam ficado restritas aos judeus, se não fosse pelo cristianismo e o islamismo. O judaísmo era fundamentalmente centrado em si mesmo. Se as inovações do judaísmo foram disseminadas pelo mundo — e não cabe aqui discutir se isso foi bom ou se foi realizado de forma respeitosa pelas pessoas e pelos povos convertidos pelo islamismo e pelo cristianismo —, foi graças ao fato de que essas ideias foram assumidas por religiões com vocação universalista.

Portanto, a contribuição judaica à cultura universal teve como veículos o cristianismo e o islamismo. Sem eles, não teria existido contribuição à civilização universal, pois não era essa a intenção da cultura bíblica ou talmúdica. Isso não muda o fato de que os "direitos autorais" originais de algumas das ideias centrais disseminadas pelo islamismo e pelo cristianismo (em versões próprias) tenham sido de origem judaica, mas obriga a um ato de reconhecimento do papel desempenhado pelas outras grandes religiões monoteístas. Esse reconhecimento é importante, pois permite uma visão mais complexa, mais rica e menos narcisista do papel que cada religião desempenhou na formação da civilização contemporânea. Pois se os judeus se orgulham do lugar original na criação do monoteísmo e se ressentem da tendência de cristãos e muçulmanos a ocultar ou diminuir esse papel, eles não deixam de ter uma visão igualmente parcial de seu lugar na história.

As religiões institucionalizadas, em suas versões integristas ou fundamentalistas, ainda compartem fortes componentes autoritários, não respeitam as outras religiões e não se dispõem a aceitar sociedades fundadas no princípio da liberdade individual, na livre expressão de ideias e livre organização e no direito de cada pessoa de se conduzir de acordo com sua consciência. Todas as versões religiosas ortodoxas, judia, cristã e islâmica, caso assumissem o poder, destruiriam a democracia.

Na medida em que reconhecemos que as grandes religiões monoteístas estão profundamente relacionadas entre si, podemos avançar em uma visão menos dogmática e fundamentalista de cada uma. Igualmente devemos reconhecer que a Igreja católica, cuja integração no mundo moderno foi um processo complexo e ainda inacabado, realizou avanços fundamentais no sentido de eliminar de sua teologia os componentes antissemitas, a partir do Concílio Vaticano II (1962-65), sob a liderança admirável de João XXIII. A responsabilidade coletiva dos judeus pela morte de Jesus foi repelida e foi reconhecida a permanência do pacto de Deus com o povo de Israel. Essa transformação, sem dúvida influenciada pelo Holocausto e pela responsabilidade indireta da Igreja por ter alimentado sentimentos antissemitas no mundo cristão, associada à abertura do catolicismo ao discurso dos direitos humanos, aumentou as possibilidades de um diálogo inter-religioso.

Esse diálogo é fundamental para um conhecimento mútuo e para encontrar um espaço de valores comuns, sem que isso signifique que cada uma abdique de suas especificidades. Um diálogo a ser realizado não somente por líderes religiosos, mas também por intelectuais seculares judeus, cristãos e islâmicos, pois não só no judaísmo, como também no cristianismo e em menor medida no islamismo, *cada um com suas especificidades*, a tradição religiosa se transformou hoje numa tradição cultural. Boa parte dos judeus, cristãos e, em menor medida, muçulmanos, hoje se relaciona com as religiões como tradições, sem se submeterem às instituições e às regras que elas procuram impor.

A modernidade: o retorno da filosofia, da história e da política

O judaísmo talmúdico foi bem-sucedido em circunstâncias históricas precisas, nas quais as sociedades eram organizadas em torno de sistemas políticos e culturais dominados por religiões monoteístas que o isolaram. Assim, o fechamento do judaísmo em si mesmo esteve associado ao fechamento das sociedades em relação ao judaísmo. O mundo talmúdico foi fruto da derrota política e militar e serviu como estratégia de sobrevivência de um povo exilado, que vivia como minoria no seio de sociedades com religiões oficiais sustentadas pelo poder político. A modernidade trouxe novas exigências e possibilidades e implodiu o universo rabínico. Os três elementos reprimidos pelo judaísmo talmúdico — a história, a política e a filosofia — voltam à cena na modernidade.

O judaísmo moderno corresponde ao período histórico que se estende do Iluminismo e da Revolução Francesa até o Holocausto e a criação do Estado de Israel. Um período que durou aproximadamente dois séculos e que se nutriu dos valores universalistas do Iluminismo e da cidadania nacional da Revolução Francesa. Como fenômeno sociocultural, o judaísmo moderno foi, fundamentalmente, uma criação dos judeus radicados na Europa, particularmente nas grandes cidades, como Berlim e Viena, Varsóvia e Kiev, e, no século XX, Nova York. Para boa parte dos judeus que habitavam no mundo islâmico, a integração em sociedades modernizadas se deu com a saída maciça dos países muçulmanos, em particular para Israel e para a França, na década de 1950.

Os tempos modernos criaram condições inéditas de convivência do judaísmo com um Estado laico, transformando radicalmente as possibilidades de participação na sociedade, modificando simultaneamente a visão dos judeus do que seja o judaísmo. O que não significa que as relações entre judaísmo e modernidade, de ambos os lados, não tenham sido extremamente conturbadas.

Inicialmente, com o fim da Idade Média e a ascensão do absolutismo na Europa Ocidental, a centralização do poder político e a tendência a homogeneizar culturalmente as sociedades levou à expulsão dos judeus de muitos países do Ocidente europeu, resultando no deslocamento de grande parte deles para a Europa Central e Oriental.

A expulsão, em 1492, da Espanha e de Portugal, que, na prática, levou à conversão forçada da maioria dos judeus ibéricos, já que só uma minoria emigrou, seguida da Inquisição, significou um trauma enorme para o judaísmo e impactou na memória coletiva durante séculos. Na Espanha e em Portugal, o *Estatuto de pureza de sangue* estabeleceu a primeira forma de racismo moderno, com leis que excluíam os cristãos-novos (recém-conversos) e seus descendentes de ordens religiosas ou da carreira militar.

Com o avanço do mercantilismo, os judeus puderam retornar, em pequeno número, para a França e a Inglaterra. Na Europa Ocidental, somente a Itália, dividida em pequenos reinos, e a Holanda, uma precoce potência mercantil com um sistema político mais aberto, receberam parte dos judeus expulsos da península Ibérica. Serão os judeus holandeses que construirão as primeiras sinagogas no Novo Mundo, em Recife, acompanhando a invasão do Brasil pela Companhia Ho-

A MODERNIDADE: O RETORNO DA FILOSOFIA, DA HISTÓRIA...

landesa das Índias Ocidentais, no século XVII, e, quando expulsos de lá, em Nova Amsterdã (Nova York). O Iluminismo e a Revolução Francesa encontram o povo judeu extremamente enfraquecido. Calcula-se que seu número girava em torno de um milhão em 1700, um dos menores de sua história. A maioria desses judeus vivia na Europa Oriental, grande parte em condições de pobreza, sem direito a se mudar de um lugar para outro e sofrendo constantes massacres. Embora a modernidade tenha gerado enormes conflitos no interior da comunidade judaica, entre defensores da tradição e da mudança, entre pais e filhos, a rapidez e a disposição com que boa parte dos judeus se dispôs a aceitar os novos valores se explica pelos séculos de opressão e humilhação que precederam o Iluminismo. A modernidade irrompe na vida judaica como uma promessa de libertação, e muitos judeus interpretaram a Revolução Francesa como uma antecipação da chegada do Messias.

O universo medieval era um mundo submetido às crenças e instituições religiosas. O rei reinava pela graça de Deus e o conhecimento era produzido, filtrado e censurado pelo clero (ou, no caso do judaísmo, pelos rabinos). O processo que hoje denominamos secularização separou a política da religião e transferiu para a vontade popular a fonte da legitimidade do poder. A produção de conhecimento, a partir da revolução científica, passou a se fundar na experimentação e em hipóteses refutáveis, em lugar de dogmas eternos. A filosofia desenvolveu uma imagem nova do ser humano, centrada no indivíduo livre, orientado pela razão. Em lugar de pessoas resignadas diante de um estado de coisas que seria produto da vontade divina, a crença na capacidade do ser humano de transformar o mundo à sua vontade levou à irrupção de ideologias políticas com projetos de reforma social.

67

JUDAÍSMO PARA TODOS

Assim, as sociedades modernas, num longo processo histórico, nunca completo e até hoje questionado por grupos religiosos ortodoxos e ideologias políticas autoritárias, passaram a valorizar a liberdade e o direito de cada pessoa de agir de acordo com sua consciência. Esse processo culminou na criação das instituições democráticas, que supõem que cada indivíduo, independentemente de suas crenças pessoais, usufrui perante a lei e no espaço público os mesmos direitos e deveres.

Os valores da modernidade não exigiam que o judeu se convertesse a outra religião para absorver as novas ideias e crenças — embora, como veremos, na Alemanha e no Império Austro-Húngaro esse não tenha sido exatamente o caso. Para os judeus que entraram em contato com os valores da modernidade, isso significou a possibilidade de sair do gueto, de deixar de ser excluídos de profissões e sobretudo de participar ativamente da construção de um mundo em que todos os seres humanos seriam livres e iguais. Tudo isso sem deixar de ser judeus.

Essa travessia foi, e continua sendo, penosa, não só porque exigiu transformações profundas no judaísmo, mas porque o avanço dos valores iluministas foi tortuoso, apresentando retrocessos periódicos por vezes dramáticos, como foi o nazismo. Esses retrocessos produziram nos judeus uma cisão interna entre a vontade de acreditar nas promessas da modernidade e o medo de que o pesadelo do antissemitismo possa sempre ressuscitar.

Apesar da oposição dos rabinos aos valores modernos, eles penetraram na vida cotidiana e, sobretudo, na mente e no coração dos judeus, diluindo o mundo comunitário autocentrado, com forte controle social, onde o rabino legislava sobre assuntos civis e comerciais. Em cada país, de acordo com as condições locais, os judeus iam absorvendo os valores da modernidade e se distanciando do mundo talmúdico. Essa transformação foi elaborada a partir do século XVIII por novas lideranças intelectuais seculares e religiosas, culminando, no século XX, no deslocamento dos rabinos ortodoxos como principal elite cultural do judaísmo.

Durante um longo processo histórico, do qual ainda somos parte, intelectuais seculares e religiosos elaboraram novas visões e ideologias que inseriam o judaísmo nos valores e ideais da modernidade. A filosofia iluminista, a argumentação científica e a visão da história como produto da ação humana, e não de um desenho divino, penetraram no judaísmo, levando-o à fragmentação em diversas correntes.

O autor paradigmático da transição para essa nova fase foi Baruch Spinoza, que viveu no século XVII em Amsterdã. Como todo pioneiro, ele foi solitário e reativo diante de uma comunidade ainda solidamente controlada pela ortodoxia. Nele predominava a saída em lugar de um esforço de elaborar uma alternativa ao judaísmo talmúdico. Como ocorreu com muitos judeus depois dele, o fechamento institucional e cognitivo da ortodoxia o levou a considerar o judaísmo uma religião ultrapassada.

Não é casual que Spinoza, assim como Uriel Acosta, outro autor herético da época, que insistiu nas limitações do Talmude e no caráter humano da Bíblia e que também morava em Amsterdã, fosse de origem marrana. Filhos de famílias de judeus portugueses convertidos pela força ao cristianismo, ambos tinham uma sensibilidade cultural na qual as visões, do judaísmo ou do cristianismo, apareciam como estreitas e irracionais, pois não permitiam construir uma filosofia que elaborasse princípios universais fundados na racionalidade.

Em sua obra principal, o *Tratado teológico-político*, Spinoza conclui que a Bíblia era uma obra humana, escrita por múltiplos autores, e muitos de seus conteúdos são inaceitáveis e ofensivos à moral. Moisés não seria um porta-voz de Deus, mas um estadista que deu uma Constituição ao povo judeu. Se a Bíblia foi escrita por seres humanos, deveria ser lida no sentido literal do texto e não como expressão da palavra divina, que conteria múltiplos sentidos ocultos. O clero e os rabinos teriam criado um regime de verdade a serviço do próprio poder e da própria ambição. Spinoza queria retirar dos rabinos e do clero o monopólio da interpretação correta do texto bíblico, e dedicou os últimos anos de sua curta vida a elaborar uma gramática da língua hebraica que permitiria a cada um compreender o significado do texto bíblico.

O preço pago por Spinoza por sua ousadia foi o *Cherem* (como no judaísmo não existe excomunhão, o *Cherem* proíbe qualquer contato dos membros da comunidade com a pessoa expulsa). Uriel Acosta teve destino similar, mas tentou voltar ao seio da comunidade. Isso significou, para ele, sofrer humilhações. Depois de escrever suas memórias, que denunciam a intolerância, cometeu suicídio.

Spinoza e Acosta foram os pioneiros de um movimento que será característico da modernidade: o de intelectuais, artistas, cientistas e políticos judeus cuja obra se dirige a um público exterior, formado por uma opinião pública culta, independentemente de suas crenças religiosas. Produz-se, assim, o divórcio entre judeus e judaísmo, isto é, a origem judaica não implica que os autores desenvolvam suas reflexões na tradição judaica, embora ela possa estar presente em maior ou menor medida.

O vetor efetivo dos valores iluministas foi o Estado nacional, que, por meio da noção de cidadania, criou uma nova categoria de pessoas iguais perante a lei, independentemente das crenças individuais. Acontece que o Estado nacional na Europa não surgiu do nada. Ele se construiu a partir de tradições da cultura preexistente, o cristianismo. Assim, a integração dos judeus no Estado moderno, e sua aceitação efetiva como iguais, não foi automática e nunca é completa. A possibilidade de ser excluído como um "estranho", como alguém que não pertence à cultura majoritária, embora tenha sido vivida com mais intensidade no passado, ainda mais quando estava associada à condição de migrante, continua presente na psique judia.

O problema do Estado moderno era como "emancipar" os judeus, pois eles até então viviam sob tutela especial do rei. Na visão dos defensores da causa judaica na Revolução Francesa, a emancipação política dos judeus passava pela emancipação destes do judaísmo. Os chamados "vícios" judaicos — que se referiam a "hábitos alimentares repulsivos e misantropia" — eram explicados como efeito do isolamento ao qual os judeus foram condenados. Os filossemitas argumentavam que a integração na sociedade permitiria uma rápida "regeneração" do povo judeu.

O processo de adaptação do judaísmo à modernidade implicou transformações internas, mas também a exigência de justificar sua existência perante o mundo exterior. Os filósofos da história, de Hegel a Spengler, orientados por uma visão evolucionista que culminava na civilização cristã ocidental, consideravam a sobrevivência do judaísmo uma aberração. Para eles, depois de ter cumprido seu papel histórico no período bíblico, o judaísmo teria perdido a razão de existir. Uma versão diferente foi elaborada por Stalin, que argumentou que faltava aos judeus uma das características fundamentais para que pudessem ser considerados uma nação: um território comum. Inclusive, para a sociologia, que teve a sociedade nacional como objeto privilegiado de análise até os anos 1980, quando irrompeu o tema da globalização, o judaísmo era um fenômeno ao qual mal se aplicavam suas teorias e seus conceitos, que tinham como modelo o território.

Os judeus, e em particular os intelectuais judeus, se viram obrigados a responder a uma dupla exigência: a de absorver valores modernos e ao mesmo tempo justificar a continuidade do judaísmo. Como e por que seguir sendo judeus mantendo simultaneamente a lealdade ao Estado nacional e/ou valores humanistas universais? Todas as versões do judaísmo moderno tiveram de elaborar respostas para essa pergunta.

O problema foi colocado de forma explícita por Napoleão Bonaparte, o grande arquiteto do Estado moderno francês. Ele convocou um sinédrio de representantes da comunidade judia para responder a uma série de perguntas que permitiriam confirmar se os judeus se dispunham a aceitar as leis do Estado e ser leais à pátria. Napoleão aceitou as respostas, e a partir dele os judeus passaram a ser "cidadãos franceses de fé mosaica", identidade que se manteve sólida até a Segunda Guerra Mundial, apesar do abalo sofrido pelo *"affaire* Dreyfus". Um capitão do Exército francês, Alfred Dreyfus, foi condenado em 1894 à prisão perpétua sob alegação de espionar a favor dos alemães graças a um dossiê forjado. A luta contra a condenação, que levou Émile Zola a escrever o famoso *J'accuse*, terminou com a libertação do capitão, mas indicou claramente que o Estado francês não tinha eliminado as forças reacionárias e antirrepublicanas do catolicismo integrista.

A passagem do judaísmo rabínico foi penosa para os judeus, pois, apesar das tendências secularizantes, o Estado nacional mantinha elos de continuidade com o mundo cristão: o dia de descanso continuou sendo o domingo, assim como são cristãos a maioria dos feriados e o próprio calendário (não foi casual que o esforço da Revolução Francesa de romper com o passado tenha culminado com um calendário próprio, nem que a festa popularmente mais lembrada pelos judeus seja o *Rosh Hashana*, ano-novo, que sinaliza a vontade de autopreservação pela afirmação de uma temporalidade própria).

A MODERNIDADE: O RETORNO DA FILOSOFIA, DA HISTÓRIA...

O caso francês, de um corte radical com o passado pela fundação da república, não teve paralelos na história europeia. Na maioria dos países, até a Primeira Guerra Mundial, as monarquias mantiveram na cultura oficial do Estado uma simbologia cristã e graus variados de exclusão dos judeus de cargos públicos. Não somente na Rússia, onde o poder monárquico absoluto e uma sociedade com traços feudais usaram ativamente o antissemitismo para canalizar o ressentimento popular, mas também no Império Austro-Húngaro e nos vários principados alemães e no Estado alemão arquitetado por Bismarck, os judeus não podiam, de fato ou *de jure*, ocupar posições no serviço público. Como indica Max Weber em sua conferência sobre a vocação do sociólogo, uma posição na academia alemã era uma aspiração fora do alcance de um judeu no início do século XX. Isso levou à conversão de muitos judeus entre eles os pais de Karl Marx, o poeta Heine e o compositor Mahler, para poder ascender socialmente.

Como veremos a seguir, a fragmentação do judaísmo na modernidade foi múltipla, social, religiosa e política. Para as gerações que viveram esse processo, ele foi extremamente doloroso, confrontou pais e filhos, dividiu comunidades e levou a denúncias mútuas de destruição do judaísmo. Mas os temores não só se mostraram infundados, como as divisões e o confronto de correntes revigoraram o judaísmo.

As correntes do judaísmo moderno

As diversas correntes do judaísmo moderno refletem a variedade de realidades nacionais, sociais e políticas dos diferentes países europeus e se expressaram por meio de dois grandes vetores: o religioso e o político. Na arena religiosa, o questionamento do judaísmo talmúdico teve como epicentro a Alemanha (que possuía a maior concentração de judeus na Europa Ocidental). Ao contrário da França, onde a república outorgou a cidadania à toda a população, na Alemanha, primeiro nos seus diversos principados e depois no país unificado sob a égide da Prússia, continuou-se discriminando os judeus. Ademais, o fluxo constante de judeus da Europa Oriental, pobres e vistos como culturalmente rudimentares, provocava nos judeus integrados na cultura alemã sentimentos de desconforto — eles eram considerados uma ameaça potencial a sua integração. A vontade de se distanciar do judaísmo tradicional, de absorver os valores do Iluminismo e de serem aceitos pela sociedade alemã desde cedo levou os judeus alemães, mas também os da Dinamarca, da Inglaterra e da Áustria, a reformar o judaísmo religioso.

Na Europa Oriental e na Rússia, o processo de secularização tomou rumos diferentes. Ao contrário da Europa Central e Ocidental, onde os judeus começavam a se integrar socialmente, no Império Russo (que incluía a Polônia) não estava na ordem do dia a possibilidade de se integrarem como cidadãos em sociedades que eram autocratas e excludentes. A estrutura social das comunidades judaicas também era diferente. Na Europa Oriental, a maioria dos judeus vivia na pobreza, e o conflito social irrompia entre judeus pobres e ricos. Nesse contexto, em lugar de reforma religiosa ou cultural, prevaleceu a reforma política e social. A questão judia só seria resolvida mudando o conjunto da sociedade ou por meio da criação de um Estado próprio. Em lugar de rabinos liderando a mudança, como ocorreu na Alemanha, na Europa Oriental foram intelectuais seculares, críticos da religião, os que ficaram à frente dos novos movimentos sociais.

Estes dois movimentos, um no sentido de mudança religiosa, outro no sentido de construção de ideologias seculares com forte conteúdo político, foram até certo ponto dinâmicas paralelas, mas, com o transcorrer do tempo, passaram a se justapor. Isso porque, no judaísmo, movimentos culturais locais rapidamente se irradiam para outras comunidades e se influenciam mutuamente. Mas, apesar de as novas tendências religiosas e políticas convergirem, no sentido de obrigar as correntes religiosas a se posicionar diante dos movimentos políticos e vice-versa, as relações entre ambas nunca foram simples. Inclusive, como veremos, os judeus ultraortodoxos e os judeus reformistas, por várias décadas, por razões diferentes (os primeiros por não querer colocar em questão a lealdade nacional, e os segundos porque continuavam apegados à salvação divina), opuseram-se inicialmente ao sionismo.

Como indicamos, a Alemanha foi o principal palco de discussão sobre o *aggiornamento* pelo qual o judaísmo deveria passar a integrar os valores modernos em sociedades majoritariamente cristãs. O questionamento do judaísmo tradicional, como não poderia deixar de ser, teve como centro a legitimidade da interpretação talmúdica.

O século XIX, um século no qual irrompe na Europa a crença no progresso humano, em que as mudanças constantes indicam que o passado é diferente do presente e que o futuro é aberto, tornou a história o principal instrumento de explicação dos fenômenos sociais. As sociedades passaram a ser compreendidas como produto da ação humana, e a história como disciplina acadêmica foi colocada a serviço das grandes ideologias modernas: o nacionalismo, o liberalismo e o socialismo.

Surge, assim, uma série de intelectuais que começam a contar a "história do povo judeu" a partir de levantamentos de fontes históricas e análise hermenêutica, e, dessa forma, inventam o judaísmo moderno, que passa a ver a si mesmo como produto da história e da ação humana e não da vontade divina. Retoma-se, então, sobre outros fundamentos teóricos, uma visão similar ao relato bíblico: o judaísmo é produto e se desenvolve em função de acontecimentos históricos.

Os intelectuais judeus passaram a tratar a Bíblia e o Talmude como textos históricos aos quais podiam-se aplicar as modernas técnicas linguísticas. Em lugar de um todo coerente, identificaram no Talmude múltiplos escritores, períodos históricos e escolas de pensamento diferentes e conflitantes. São enfatizadas as tensões no texto talmúdico entre os seguidores de Ravi Akiva, que teriam produzido interpretações forçando excessivamente o sentido do texto bíblico, e os seguidores de Rav Ishmail, que teriam procurado se manter mais próximos ao sentido original. Mas dessa leitura surge sobretudo uma interpretação do Talmude como um esforço de legitimar inovações produzidas num contexto histórico dado.

Em suma, o Talmude, em lugar de ser um texto inquestionável, seria uma adaptação criativa de novas práticas a que os rabinos deram um sentido sagrado relacionando-as ao texto bíblico. O que inicialmente foi uma crítica à legitimidade das interpretações talmúdicas terminou levando a uma nova visão do lugar dos talmudistas no judaísmo. Os rabinos que produziram o Talmude podiam ser vistos como intelectuais altamente criativos na sua época, mas que canonizaram tradições datadas historicamente. Manter o exemplo dos rabinos talmúdicos implicaria uma nova interpretação da Bíblia, adequada aos tempos atuais.

O primeiro grande movimento nessa direção foi o reformista (chamado de Liberal na Inglaterra). Esse movimento procurou transformar o judaísmo numa religião da qual se procurou eliminar os conteúdos nacionais e boa parte das regras construídas em torno do princípio do puro/impuro, das orações e do descanso sabático. A essência do judaísmo estaria nos valores éticos expressados na Bíblia, e seu papel deveria ser o de contribuir para a melhoria da humanidade.

Junto com as transformações discursivas também foram transformadas as práticas religiosas. Seguir os mandamentos tradicionais associados às regras de puro/impuro deixou de ser obrigatório. Homens e mulheres passaram a se sentar e rezar juntos na sinagoga, que passou a usar o órgão (inspirada em templos protestantes), e as orações deixaram de ser feitas em hebraico para usar a língua local. O esforço por integrar-se ao discurso liberal e à cidadania nacional levou os reformistas a se dissociarem dos componentes místico-nacionais do judaísmo, dando à chegada do Messias um sentido eticouniversal, o que os levou igualmente a se afastarem do sionismo.

No decorrer do tempo, o judaísmo reformista foi mudando. Na segunda metade do século XX, assumiu mais as dimensões étnicas, apoiou o sionismo e passou a valorizar o uso da língua hebraica. Por sua vez, integrou novas tendências culturais, formando mulheres rabinas e aceitando o

AS CORRENTES DO JUDAÍSMO MODERNO

homossexualismo. O judaísmo reformista é hoje a principal corrente religiosa nos Estados Unidos e apresenta uma enorme variedade de versões. Cada rabino e cada sinagoga têm suas peculiaridades, de acordo com as características da comunidade local.

A segunda linha de renovação religiosa foi o judaísmo conservador (o nome não tem nada que ver com ideologia política, mas com o desejo de conservar as tradições e se distinguir dos reformistas), cujas bases intelectuais foram desenvolvidas na Alemanha, mas, como movimento religioso, é fundamentalmente um fenômeno estadunidense. Ele procurou combinar o tradicionalismo dos imigrantes judeus da Europa Oriental com os valores modernos. Acredita no caráter divino da Torá, mantém as rezas em hebraico, mas reconhece o caráter histórico das inovações talmúdicas, embora o Talmude continue sendo uma referência central. Ele pratica os mandamentos sobre *kashrut* e descanso no sábado, mas com graus de tolerância bastante amplos. Em certas áreas tem feito mudanças radicais, em particular na aceitação da igualdade da participação da mulher nos rituais religiosos, inclusive consagrando-as como rabinas, e na busca de integrar valores de justiça social universal. O movimento conservador sempre apoiou o sionismo.

Por longo tempo, o conservadorismo foi a principal corrente religiosa nos Estados Unidos, pois funcionou como uma ponte adaptativa entre a religiosidade tradicional dos emigrantes da Europa Oriental e o Novo Mundo. Mas, nas últimas décadas, foi perdendo espaço para o judaísmo reformista e para outras tendências renovadoras. Hoje, vive dilacerado entre uma liderança mais conservadora, que procura limitar as mudanças e o apego à tradição talmúdica, e a pressão das bases por uma abertura maior. Algumas inovações, como o eco-*kosher*, que procura associar a comida *kasher*

JUDAÍSMO PARA TODOS

com as condições sociais e ecológicas da produção, têm gerado conflitos com os judeus ortodoxos.

A essas correntes deve-se agregar o judaísmo reconstrucionista, inspirado pelo rabino Mordechai Kaplan, uma das grandes figuras do judaísmo do século XX, que oscila entre a corrente conservadora e a reformista. Nas últimas décadas, parte da criatividade do judaísmo religioso migrou dos grandes centros institucionais para movimentos relativamente marginais, como o liderado pelo rabino Zalman M. Schachter-Shalomi, do movimento *Renewal*, a revista *Tikun* e centenas de sinagogas onde se experimentam novas formas de religiosidade judaica.

A fragmentação do judaísmo religioso se deu também no interior do campo da ortodoxia, que se separou da chamada ultraortodoxia ou *charedim* (tementes de Deus). Desde o século XIX, na Alemanha, uma parte dos judeus ortodoxos concluiu que devia realizar um esforço de adaptação à vida moderna, integrando no ensino as disciplinas científicas e participando da vida universitária, aceitando alguns valores e estilos de vida modernos. Uma parte deles apoiou e passou a participar ativamente do movimento sionista. Hoje o judaísmo ortodoxo constitui um universo internamente fragmentado, onde convivem tradições diferentes (por exemplo, a originada no Ocidente e a mais tradicional, formada no mundo muçulmano), e em Israel se encontra dividido politicamente entre críticos da ocupação que defendem os direitos humanos e a maioria, que se posiciona na direita nacionalista.

Diversidade similar pode ser encontrada no mundo ultraortodoxo, que se recusa a integrar os valores da modernidade. Mas, ainda assim, no século XX, as mulheres passaram a ter acesso à educação formal, ainda que não aos centros de estudos avançados da Torá (elas continuam tendo um *status* diminuído, não podendo ser testemunhas em processos nem

AS CORRENTES DO JUDAÍSMO MODERNO

cumprir uma parte dos mandamentos, sendo ainda consideradas as únicas responsáveis pela infertilidade do casal).
O campo ultraortodoxo é enormemente variado. Em Israel, os *mizrahim* (judeus provenientes do mundo árabe) se afastaram da hegemonia das *yeshivot* — centros de estudo e formação rabínica —, de origem asquenazi, e montaram seus próprios centros. Existem grupos chassídicos e opositores a eles. As várias seitas chassídicas mal se falam entre si. Em geral, os grupos ultraortodoxos se mantêm distantes do sionismo. Há os que não reconhecem a existência do Estado de Israel e o consideram uma aberração que afasta a vinda do Messias, e outros que participam da vida política do país e procuram fazer avançar seus interesses e impor sua visão religiosa ao Estado.

No interior da ultraortodoxia, ocupa um lugar particular a corrente chassídica Luvabitch, que mencionamos anteriormente. A partir da liderança do último *rebe*, radicado em Nova York, Menachem Mendel Schneerson, os Luvabitch passaram a ter uma atividade missionária, também nova na tradição judaica, procurando atrair os judeus para a prática religiosa, como forma de acelerar a chegada do Messias (que para muitos membros do movimento era o próprio *rebe* Schneerson). Os Luvabitch enviam seus missionários a todos os cantos do mundo onde vivem judeus, devendo ficar nesses lugares de forma permanente, ou até a chegada do Messias. O proselitismo Luvabitch é extremamente criativo, pois junta a ultraortodoxia com uma grande abertura em relação a judeus distantes da religião (pois, como mencionamos, eles acreditam que todo judeu carrega uma faísca divina), usando meios eletrônicos e a celebração do judaísmo em lugares públicos. A enorme capacidade de mobilizar recursos e redes sociais para apoio de judeus em necessidade e a disposição missionária tem como contraface sua tendência antipluralista, em particular em países com comunidades judias menores. Embora não assumam uma posição direta em relação ao sionismo, opõem-se a qualquer concessão territorial, alinhando-se de fato com a direita nacionalista. Em seu conjunto, os grupos religiosos ortodoxos e ultraortodoxos constituem uma minoria dentro do judaísmo, 10% nos Estados Unidos e 20% em Israel, onde têm crescido em particular pelas altas taxas de fertilidade.

Os judeus seculares, entendidos como uma ampla corrente que se identifica com o judaísmo como cultura e/ou história comum, são a corrente majoritária no judaísmo. Os intelectuais e movimentos sociais seculares procuraram uma resposta à integração do judeu ou judaísmo na sociedade moderna fora da religião, nas ideologias políticas. Alguns, inclusive, fora do próprio judaísmo, no movimento comunista, que prometia a redenção da humanidade. As outras duas grandes tendências, o Bund e o sionismo, elaboraram versões nacionalistas.

O Bund congregou os trabalhadores judeus da Europa Oriental e, graças às tradições judias de solidariedade e forte coesão social, transformou-se, no início do século XX, no principal partido social-democrata do império czarista (Polônia, Lituânia e Rússia). O Bund considerava que a língua e a cultura iídiche (uma língua derivada do germânico, com grande número de expressões de outros países da Europa Oriental e do hebreu, usando na escrita as letras hebraicas) sustentavam uma identidade nacional judia e exigiam a autonomia cultural no interior dos países em que viviam. Devemos lembrar que na Europa Oriental o iídiche era a língua franca da quase totalidade dos judeus, e em torno dele gravitavam centenas de teatros e jornais, produção de filmes, uma vasta produção literária e casas editoriais que traduziram um impressionante número de obras científicas e literárias. Depois da Revolução Russa, que implantou a ditadura do Partido Comunista e cassou todos os partidos políticos, boa parte dos membros do Bund aderiu ao comunismo.

O Holocausto destruiu a base social do Bund na Polônia, onde continuara a ser uma força social importante até a Segunda Guerra Mundial. Muitos emigrantes bundistas recriaram o movimento no Novo Mundo, onde, na primeira metade do século XX, em particular na América Latina, nos Estados Unidos, no Canadá, na Austrália e na Europa Ocidental, mantiveram centros culturais e escolares e um forte ativismo na política local. O ocaso do uso do iídiche no Novo Mundo, a ascensão social dos judeus, o antissemitismo da última fase de Stalin, o surgimento do Estado de Israel, a política pró-árabe da União Soviética e, finalmente, o fim do comunismo o enfraqueceram enormemente. Mas, em vários lugares, muitas de suas escolas e centros culturais foram se adaptando aos novos tempos e são atores importantes na promoção do judaísmo secular.

O sionismo, a outra grande corrente do judaísmo secular, se inspirou no nacionalismo europeu do século XIX como solução para o problema do antissemitismo, que, para os sionistas, era imanente à vida na diáspora. Majoritariamente secular, rejeitou a espera dos tempos messiânicos e colocou no centro de sua visão de mundo o judaísmo como fenômeno histórico e a política como meio para transformar o destino do povo. Seu objetivo fundamental era "normalizar" o povo judeu, transformando-o numa nação igual às outras, pela construção de um Estado na terra de Israel. Ele se organizou em torno de partidos políticos que incluíam grupos marxista-leninistas, trabalhistas (o grupo hegemônico), liberais e de direita nacionalista. As consequências históricas do movimento sionista serão discutidas em outro capítulo.

Quais são as características comuns do judaísmo secular? O judaísmo secular pode ser caracterizado, de forma sintética, pelos seguintes elementos:

1) Separou a identidade judaica da religião. Essa separação, contudo, como veremos, nunca foi completa, mantendo uma ambiguidade em relação a muitas normas de origem talmúdica;

2) Procurou legitimar o judaísmo pelos valores modernos, argumentando que ele é capaz de conviver e se expressar em termos "universais";

3) Esteve enquadrado pelos grandes movimentos ideológicos de sua época — liberalismo, socialismo e nacionalismo —, que acreditavam que poderiam ser construídas sociedades sustentadas em projetos orientados pela racionalidade. Isso criou um estilo doutrinário, discursivo, lógico, cioso de uma coerência fundada na capacidade de sintetizar judaísmo com modernidade, reprimindo, ou não enfrentando, as dimensões não racionais, ritualísticas, transcendentais, associadas à identidade e à cultura judaica fundadas no Talmude;

4) No âmbito pessoal, foi vivido como uma crise de identidade, dividido entre tradição e modernidade, entre lealdade aos laços primários e ao conjunto da sociedade nacional e à humanidade, entre o privado e o público, entre sentimento e razão.

SEGUNDA PARTE O judaísmo contemporâneo

Holocausto, memória e política

O Holocausto não só tirou a vida de 6 milhões de pessoas, como destruiu os maiores centros de cultura judaica, tanto religiosa como secular. Ele erodiu a crença dos judaísmos modernos na possibilidade de um mundo guiado pela razão, e levou a um apoio maciço ao sionismo, até então uma das várias correntes do judaísmo. Mudou também a distribuição geográfica dos judeus no mundo, transformando os Estados Unidos no principal centro demográfico na diáspora, e foi um fator central na criação do Estado de Israel. Mas o efeito mais perturbador nos tempos atuais é que até hoje o judaísmo, de forma explícita ou implícita, vive à sombra do Holocausto.

O Holocausto certamente continuará afetando por longo tempo o judaísmo e os judeus, e como todo trauma histórico, sua superação levará gerações para ser assimilada. Todavia, a dimensão que ele adquiriu como referência central e muitas vezes quase exclusiva da identidade judaica contemporânea sufoca e empobrece a memória coletiva.

A elaboração do Holocausto exige um esforço enorme para recuperar a memória do mundo cultural que foi destruído. O maior monumento que se pode erguer aos mortos é lembrar a vida que eles carregavam, a riqueza do universo que eles expressavam. Precisamos de mais museus que, junto aos testemunhos terríveis da máquina de morte nazista, nos mostrem a vitalidade cultural do mundo que foi destruído, sobrepondo a vida à morte, indicando junto com o nome e o número de mortos de cada comunidade a vitalidade das instituições e dos centros de estudo e de vida artística destruídos. Trata-se de uma tarefa difícil, pois em Israel o Holocausto foi transformado num símbolo das dimensões negativas da diáspora, e nas comunidades judias diaspóricas o Holocausto é utilizado para transmitir às novas gerações a identificação com o judaísmo pelo medo de sua repetição. Em ambos os casos existe pouco interesse no mundo que o Holocausto destruiu.

O efeito mais profundo do Holocausto na psique judaica foi a "lição" de que o destino dos judeus depende de suas ações e não da ajuda divina. Nesse sentido específico, transformou a grande maioria dos judeus em "ateus": independentemente de acreditarem ou não em Deus, poucos judeus, mesmo ortodoxos, depois do Holocausto, acreditam que podem depender de Deus em momentos de perigo. O Holocausto criou, entre os mais diversos tipos de judaísmo e judeus, uma nova aliança, da qual Deus foi excluído ou, no mínimo, está ausente, uma aliança em torno da memória e da solidariedade.

Essa visão salutar da história por vezes se expressa num discurso de que os judeus estão sós e só podem confiar, em momentos de perigo, em outros judeus. É uma versão secular da narrativa construída pela religião que valoriza os momentos de perseguição e sofrimento coletivo. Essa visão está presente em várias festividades, não somente nos eventos que lembram fatos tristes, como a destruição do primeiro e do segundo Templos, mas também na festa mais alegre, *Purim* (o carnaval judeu), que festeja a intervenção da rainha Ester junto ao rei persa Assuero, para cancelar o edito do primeiro-ministro Haman, que pretendia eliminar todos os judeus do reino. Em suma, a grande alegria é os judeus não terem sofrido um genocídio!

HOLOCAUSTO, MEMÓRIA E POLÍTICA

Trata-se de uma perspectiva errônea tanto do ponto de vista moral quanto do político e histórico. Moralmente falso, porque esquece a quantidade de não judeus que colocaram em risco suas vidas para salvar judeus. Históricamente errônea, porque o povo judeu sempre dependeu de alianças para sobreviver e realizar seus projetos, seja no retorno do exílio da Babilônia e a reconstrução do segundo Templo, possibilitados por decretos dos reis persas, seja na criação do Estado de Israel, que contou com o voto majoritário da comunidade internacional, seja nas guerras que o país enfrentou, quando recebeu armas do bloco soviético, depois, da França e, finalmente, dos Estados Unidos. A visão de isolamento, de estar só no mundo, é politicamente perigosa, porque, como minoria na diáspora ou como Estado de Israel, a capacidade de autodefesa sempre dependerá de alianças e apoios os mais amplos possíveis. A capacidade de mobilizar esses apoios foi e continua sendo uma das principais condições de sobrevivência dos judeus.

A memória é nossa condição de humanidade, mas também a principal fonte de sofrimento. Somos nossas lembranças. Memorizar é recortar o passado, esquecer quase tudo para poder lembrar de certos eventos e dar-lhes um significado determinado. Se a memória nos enraíza, dando um sentido de continuidade a nossas vidas como indivíduos e como membros de uma comunidade, ela também nos oprime. Retira-nos liberdade, nos obseda, transforma situações de aprendizado em experiências traumáticas e ressentimentos, aprisionando-nos no passado. Mas, se não existe presente sem passado, o passado sempre é vivido e interpretado à luz das realidades do presente. Se a memória não é aleatória nem totalmente maleável, ela constantemente é refeita e palco de conflitos (dentro de cada indivíduo e entre grupos sociais). A preservação da memória é sempre um exercício de poder, da capacidade de impor uma interpretação do sentido do passado.

O Holocausto é um caso exemplar de usos e abusos da construção de uma memória coletiva. A passagem do sofrimento absoluto, vivido por todos aqueles que sofreram direta ou indiretamente o Holocausto, a uma narrativa sobre seu significado não é uma linha reta e exige um esforço constante de vigilância e reflexão. Discutir e questionar os usos políticos dados ao Holocausto é um exercício difícil e delicado, mais ainda em face de negacionistas e particularmente de uma estratégia de propaganda iniciada pelo Irã e hoje difundida por muitos grupos pró-palestinos. Essa estratégia procura deslegitimar o direito de existência do Estado de Israel, associando as práticas do Exército israelense com as dos nazistas e questionando o Holocausto. As palavras não são ingênuas, e desumanizar o adversário é o primeiro passo para justificar a sua destruição.

Essa situação produz reações defensivas que dificultam uma discussão ponderada sobre o sentido atual do Holocausto. Mas sem essa discussão fica-se à mercê de que seja usado por lideranças na diáspora e em Israel, que se utilizam da tragédia para justificar agendas políticas e culturais específicas. Em ambos os casos, em Israel e na diáspora, foi construído em torno do Holocausto um discurso sobre sua excepcionalidade histórica. A questão que se coloca não é se ele foi ou não um fenômeno único (questão sobre a qual os históriadores e cientistas sociais terão posições divergentes), mas qual o significado moral e político que se procura dar a essa excepcionalidade. Do ponto de vista moral, enfatizar a excepcionalidade do Holocausto é insustentável, porque o sofrimento produzido por genocídios é incomensurável. Do ponto de vista político, é igualmente insustentável, porque se o Holocausto foi uma exceção histórica, então podemos nos lamentar a respeito do

HOLOCAUSTO, MEMÓRIA E POLÍTICA

acontecido, mas ele é irrelevante para as novas gerações. Mas o Holocausto, pelo contrário, tem muito a ensinar, pois não foi uma exceção, mas produto do ódio, da intolerância, da negação da humanidade e da demonização de quem é diferente. Essas tendências destrutivas estão sempre presentes em toda sociedade, e o Holocausto é um símbolo, não o único, das consequências terríveis do potencial destrutivo de ideologias e regimes políticos que se sustentam no fanatismo e na negação da humanidade do outro.

Não permitir que o Holocausto seja atrelado a agendas políticas específicas não significa que não se deva lutar para preservar sua memória e contra revisionismos históricos que colocam em questão o genocídio nazista ou o utilizam para propaganda política anti-israelense. Pelo contrário, condenar todos os usos políticos do Holocausto é uma precondição para que ele possa ser comunicado como uma tragédia humana de proporções catastróficas, e que sua memória esteja a serviço de valores humanistas.

Paradoxalmente, ao mesmo tempo em que enfatizam a sua excepcionalidade histórica e as lideranças comunitárias se irritam quando se banaliza o uso da palavra Holocausto, muitas vezes isso é feito por grupos judeus, como aconteceu em manifestações da direita israelense com imagens de Itzhak Rabin vestindo o uniforme de um oficial da SS ou quando se denominou de Holocausto cultural os processos de integração voluntária dos judeus nas suas sociedades.

Manter a memória e divulgar o Holocausto no mundo, para que ele não se repita com os judeus ou nenhum outro povo, exige um esforço constante de luta contra as velhas e novas formas de intolerância e perseguição. Na época em que vivemos, em que o discurso da vitimização é dominante, a ênfase na excepcionalidade do Holocausto o coloca em competição com outras vítimas. Essa competição leva cada um a olhar seu próprio umbigo, em lugar de promover uma visão que unifique todas as vítimas em torno de um ideal humanista. É fundamental uma visão que mostre que o Holocausto não é um fenômeno que diz respeito aos judeus, mas a todos os grupos estigmatizados, e que somente instituições democráticas e o respeito por todas as culturas podem assegurar a sobrevivência e a dignidade das diferentes minorias.

O Estado de Israel

Para uma geração que ainda tinha viva a memória dos *pogroms* da Europa Oriental e do Holocausto, a criação do Estado significou uma experiência e uma emoção irreproduzíveis. Quando perguntei a meu pai — filho de rabino que perdeu toda a família no Holocausto — se ainda acreditava na chegada do Messias, respondeu-me que para ele já tinha chegado, na forma do Estado de Israel.

O Estado de Israel devolveu a dignidade a uma geração abatida, mas também a um povo que viveu 2 mil anos de vida insegura na diáspora, sem possibilidade de autodefesa diante da violência exterior. O grito do levante do gueto de Varsóvia, "não iremos como cordeiros ao matadouro", se personificou na figura do soldado israelense.

O enfrentamento dos exércitos árabes na luta pela independência em 1948-49 ressuscitou a imagem de Davi enfrentando Golias e a dos macabeus. A valorização do trabalho da terra recuperou o autorrespeito de um povo do qual a diáspora tinha retirado o contato com a natureza. O *kibutz* — um dos poucos experimentos bem-sucedidos de comunismo com liberdade —; um país democrático e igualitário que tinha um movimento trabalhista que controlava parte importante da economia; uma agricultura sustentada em formas cooperativas ou coletivas de trabalho; uma vibrante vida científica —

tudo isso era profunda fonte de orgulho. A nova cultura judaica secular promovida em particular, mas não somente, pelos *kibutzim*, revalorizou nas festas judias sua relação com as fases do trabalho agrícola, e os símbolos religiosos deram lugar a símbolos nacionais e seculares.

Nestes 60 anos de existência do Estado de Israel essa realidade mudou e muitas dessas imagens perderam força. Com o desenvolvimento econômico, a sociedade israelense foi adquirindo um caráter mais urbano e capitalista, corroendo, assim, o sentido agropastoril e trabalhista que a cultura colonizadora procurou dar às festividades e aos valores judaicos. Os *kibutzim* passaram por uma profunda crise e, se bem conseguiram sobreviver, adaptando-se às novas circunstâncias, perderam seu peso simbólico, e a sociedade israelense, a partir dos anos 1970, passou a ser cada vez mais desigual. A democracia ainda se sustenta e em vários aspectos é exemplar, mas 60 anos de guerra e mais de 40 anos de ocupação envenenaram a alma e as instituições, em particular no que se refere ao respeito dos direitos da minoria árabe israelense e, mais ainda, à população dos territórios ocupados na Guerra dos Seis Dias (1967).

O que aconteceu? Israel sofre uma dupla crise, ambas convergentes e que se reforçam mutuamente. Uma crise moral, produto da ocupação dos territórios palestinos após a guerra de 1967, e uma crise de identidade em relação ao significado do judaísmo.

A relação de Israel com o mundo islâmico, em particular com a população palestina e seus vizinhos, nunca foi simples, desde o início da colonização sionista. A chegada dos judeus era vista como uma incursão europeia no mundo árabe. Para os judeus, tratava-se de retornar à terra com a qual mantiveram uma ligação durante 2 mil anos e onde sempre estiveram presentes, a não ser nos períodos em que dela foram expul-

O ESTADO DE ISRAEL

sos. A sensibilidade da maioria dos líderes sionistas em relação aos sentimentos da população local deixou sempre a desejar, e, por sua vez, as lideranças palestinas e árabes sempre anunciaram a vontade de expulsar a população judia e posteriormente destruir o Estado de Israel.

Enquanto defendiam o direito à sua existência dentro das fronteiras produzidas pela guerra de independência, as ações do Exército de Israel eram legítimas e apoiadas por boa parte da opinião pública ocidental. Mas a conquista da Cisjordânia, de Gaza e do planalto do Golan na Guerra dos Seis Dias criou a ilusão, inicialmente dos governos trabalhistas e posteriormente de direita, de que seria possível manter indefinidamente o controle desses territórios e colonizá-los graças à polaridade do mundo na época da guerra fria, que ninguém imaginava que iria acabar.

A conquista e a colonização levaram a uma situação de deterioração moral, de fragilização da democracia, atos ilegais, desperdício de enormes recursos econômicos, distorção da capacidade estratégico-militar, perda de vidas, desvio do objetivo de construção de um Estado majoritariamente judeu e abandono do apoio da opinião pública internacional.

Observe-se que essa lista não inclui os enormes custos que a ocupação teve para o povo palestino. Não que eles não devam ser contabilizados. Mas o meu argumento é propositadamente autocentrado: a ocupação e a colonização foram nefastas para o Estado de Israel e produziram enormes dilemas morais para aqueles que se sentem comprometidos com o seu destino.

A ocupação é imoral, desumaniza e embrutece, pois só se sustenta no esforço permanente de opressão do ocupado. A ocupação atenta contra a democracia, transformando parte da população em não cidadãos, sobre os quais todo arbítrio é possível, e fortalece grupos judeu-israelenses radicais que se consideram acima da lei. A ocupação é ilegal, pois desconhece todas as decisões da comunidade internacional e fere o princípio da autodeterminação dos povos, sobre o qual se construiu a ordem internacional após a Segunda Guerra Mundial. A ocupação representa um desperdício enorme de recursos econômicos na construção de infraestruturas, moradias e segurança para os colonos, enquanto, no Estado de Israel, parte da população vive na pobreza.

A ocupação transformou o Exército de Israel em polícia repressiva, desviando-o de seu papel de defesa contra ataques de exércitos inimigos, afetando sua capacidade estratégico-militar e o moral dos soldados. A ocupação coloca em xeque a construção de um Estado com maioria judia, pois, caso ela seja permanente, transformará a população judia numa minoria. A ocupação significou a perda inútil de inúmeras vidas humanas, uma vez que elas não foram sacrificadas em defesa da pátria. A ocupação levou a uma enorme queda do apoio da opinião pública internacional, já que seus objetivos são indefensáveis.

A ocupação e a colonização criaram um enorme dilema moral e político para os judeus e não judeus humanistas, que apoiam o Estado de Israel e se identificam com seu destino. Críticos da política de ocupação, ao mesmo tempo, não querem fazer o jogo do inimigo, daqueles que têm posições claramente antissemitas e/ou não aceitam o direito à existência de um Estado judeu convivendo lado a lado com um Estado palestino. Tachados por alguns líderes comunitários como judeus movidos por auto-ódio, na verdade todos os que lutam — em Israel e na diáspora — contra a ocupação, sem ilusões românticas sobre as dificuldades a percorrer no caminho da paz ou sobre as intenções de muitas lideranças árabes, em lugar de sofrerem da síndrome do auto-ódio, contribuem para a consolidação do Estado de Israel.

O ESTADO DE ISRAEL

A crise moral produzida em Israel pela ocupação não só converge, como amplificou outra crise, relacionada com o sentido da identidade judia de Israel — sentido que estava cheio de ambiguidade nos pioneiros e ideólogos do sionismo. Em suas origens, o sionismo foi um esforço explícito, por parte de judeus seculares, de "normalizar" o povo judeu, criando um lar nacional que seria o único refúgio seguro contra o antissemitismo. A diáspora era considerada uma anomalia, fonte de sofrimentos que deveria desaparecer pela concentração dos judeus num Estado nacional, num processo similar aos dos outros povos europeus da época. Não só a diáspora era considerada um período obscuro da história judia, como sua memória devia ser apagada para que pudesse surgir um novo povo, sem os traumas do passado. Não é exagero definir a visão sionista dos 2 mil anos de permanência da diáspora como uma "geração do deserto" (a geração que saiu do Egito e que precisou perecer durante a peregrinação de 40 anos para dar lugar a uma geração que não carregava a sina da escravidão).

O sionismo e os colonos de Israel procuraram criar uma nova cultura judaica, em novas bases, seculares, uma cultura que desconhecia praticamente os 2 mil anos de exílio — apresentados como um período puramente negativo de perseguições e humilhações. O esforço para criar um "novo homem" foi colossal. O sionismo combateu conscientemente as línguas diaspóricas e ressuscitou o hebraico como língua cotidiana (enfrentando aqueles que preferiam o iídiche ou o alemão). Desenvolveu uma versão da história judia, centrada na terra de Israel desde o período bíblico até o segundo Templo. Valorizou o trabalho físico, o "retorno à natureza", e criou uma cultura secular que enfatizava as dimensões do ciclo natural e agropastoril das festividades religiosas.

A maioria dos sionistas estava afastada da religião, que era vista como um caminho que leva à resignação e à passividade na espera da chegada dos tempos messiânicos. Não é casual que tenha sido escolhido como letra do hino nacional (o *Hatikva*) um texto em que Deus não é mencionado, em concorrência com outras propostas de letras retiradas dos salmos. Como todo sonho realizado, o sionismo mostrou-se acertado em certas coisas e errado em outras. Como em toda ideologia política, focalizou unilateralmente certos temas e reprimiu outros. Isso sem considerar que as condições históricas em que o sionismo surgiu são muito diferentes das atuais e que devemos nos resguardar de leituras anacrônicas.

O sionismo errou profundamente em relação à avaliação da importância da diáspora para a sobrevivência do judaísmo. A ideologia que se instalou no Estado de Israel contrapõe a capacidade de autodefesa dos israelenses à dependência da situação indefesa em que os judeus se encontram na diáspora. É uma falsa oposição. Sem dúvida, a existência do Estado de Israel foi e poderá ser fundamental para muitos judeus perseguidos e ajudou a fortalecer o sentimento de dignidade e a disposição de autodefesa dos judeus na diáspora. Mas tanto um Estado pequeno, como o Estado de Israel, quanto as comunidades na diáspora sempre deverão contar com apoios externos. O próprio Estado de Israel tem na diáspora um apoio fundamental.

A própria condição diaspórica dos emigrantes limitou o projeto de "normalização" do judaísmo em Israel. A ideia de criar uma cultura israelense como uma obra de engenharia social que desconhecia as origens culturais de cada onda de imigrantes era irrealista. A sociedade israelense reflete o mosaico de culturas nacionais do judaísmo diaspórico.

O que aconteceu, além do conflito com seus vizinhos, que distanciou o sionismo de seu ideal de "normalizar" a condição judia? A chegada constante de ondas de imigrantes, com sua própria cultura judaica e local, muitas vezes com traços reli-

O ESTADO DE ISRAEL

giosos tradicionalistas, enfraqueceu o esforço de secularização da ideologia sionista das primeiras gerações de pioneiros. A cultura israelense sempre esteve marcada pelas origens locais dos migrantes. A primeira onda de emigrantes da Europa Oriental trouxe de lá tanto o socialismo como a música. Posteriormente, cada grupo veio com suas tradições de origem, que fazem de Israel um arquipélago cultural. Logo depois da criação do Estado de Israel, a migração maciça dos países muçulmanos trouxe uma religiosidade e valores tradicionalistas, e hoje parte deles apoia um partido político, o Shas, que defende os interesses corporativos dessa população dentro de uma visão política-religiosa conservadora. A recente migração de mais de um milhão de judeus da ex-União Soviética criou uma comunidade que se nega a abandonar a cultura russa, e boa parte deles apoia partidos políticos próprios, em geral seculares de direita. E, de forma mais difusa, cada grupo de imigrantes mantém organizações e sociabilidade próprias, incluindo os latino-americanos. Por sua vez, centenas de milhares de israelenses que deixaram o país recriaram uma diáspora com características próprias.

O conflito com o mundo árabe e a necessidade de apoio do judaísmo da diáspora inviabilizaram a possibilidade do desenvolvimento de uma cultura israelense "separatista", diferençada do judaísmo "galútico" (diaspórico), apesar de algumas iniciativas nesse sentido. Certamente, com a chegada da paz, as tensões e a distância entre a diáspora e Israel tenderão a aumentar. A sensibilidade e as orientações psicoculturais desenvolvidas na diáspora não são as mesmas que em Israel, e por vezes os interesses podem ser divergentes.

Sem dúvida, trata-se de um Estado jovem, que ainda deverá passar por muitas gerações para destilar uma nova cultura nacional. Mas os tempos atuais, de globalização, dificilmente permitirão repetir os processos que nos séculos XIX e XX le-

JUDAÍSMO PARA TODOS

varam à constituição de culturas nacionais autocentradas. O multiculturalismo será uma característica da cultura israelense. Isso sem mencionar o lugar importante que a cultura árabe-israelense deverá ter após o fim do conflito.

O futuro do judaísmo em Israel depende da capacidade de a sociedade equacionar o papel da religião em relação ao Estado. O Estado de Israel entregou aos judeus ultraortodoxos o controle de parte da justiça civil (casamentos, divórcios e administração dos cemitérios públicos) e o direito de decidir quem é judeu nos documentos de identidade (embora não para emigrar para Israel, o que foi definido pela Corte Suprema de Justiça, como qualquer pessoa que possua um avô de origem judia). Dessa forma, os filhos de Theodor Hertzl, considerado o "pai da pátria", poderiam migrar para Israel como judeus, mas lá não seriam definidos como tais, pois a mãe da esposa de Hertzl era não judia.

A origem do *status* particular e de privilégios (como não servir no Exército) dos ultraortodoxos se encontra nas decisões dos primeiros governos de favorecer a tradição religiosa destruída pelo Holocausto e posteriormente na dinâmica política de um país governado por coalizões partidárias das quais os partidos religiosos fazem parte em troca de regalias. Mas a fonte cultural do problema deve ser procurada na cultura dos pioneiros que criaram o Estado de Israel, oriundos majoritariamente da Europa Oriental. Eles reagiram contra a cultura talmúdica, rompendo radicalmente com ela, ao contrário do judaísmo na Alemanha e nos Estados Unidos, que reelaboraram e modernizaram a prática da religião judaica. Assim, o sionismo não veiculou uma visão moderna da religião judia, simplesmente pensou que ela pertencia ao passado. Ao mesmo tempo, a religião judaica era identificada com a ortodoxia, pois os movimentos reformista e conservador só recentemente começaram a ter uma presença relevante, ainda que pequena, em Israel.

O ESTADO DE ISRAEL

Embora existam em Israel núcleos de judeus ortodoxos liberais, de grupos de rabinos pelos direitos humanos e que lutam contra a ocupação, e outros que aceitam uma visão pluralista do judaísmo, grande parte dos ortodoxos procura impor sua visão sobre o conjunto da população e, em sua maioria, são parte do campo nacionalista, opostos à devolução dos territórios palestinos. Nas últimas décadas, eles têm aumentado seu peso relativo na população israelense, e boa parte passou a girar na órbita política de um mutante, o judaísmo ortodoxo nacionalista-extremista.

Um grupo de judeus ortodoxos, já na Europa, identificou-se com o sionismo, criando um partido, Mizrahi, inicialmente aliado ao Partido Trabalhista, mas que, nas últimas décadas, orientou-se cada vez mais para posições ultranacionalistas. Mas a maioria dos grupos ultraortodoxos se opôs ao sionismo e à criação do Estado de Israel. Depois da independência, organizaram o partido *Agudat Israel*, que passou a fazer parte de coalizões governamentais, a partir das quais pressionam por privilégios para seus representados (entre eles, não fazer serviço militar) e pela imposição de leis religiosas ao conjunto da população.

Inicialmente justificada em nome da segurança nacional, a ocupação cada vez mais passou a ser misturada com "direitos bíblicos". A própria ocupação fez renascer em grupos ortodoxos uma tendência adormecida por 2 mil anos de militância política. Boa parte dos colonos e, certamente, suas lideranças estão associadas a visões religiosas ortodoxas e ultraortodoxas, que reivindicam o direito ao território bíblico, transformando um conflito de nacionalismos em conflito religioso. Nada mais perigoso: interesses são negociáveis; crenças, não.

Quando a ortodoxia se associa e manipula o poder político, as consequências são lamentáveis e dramáticas. Os colonos ortodoxos usam a violência física contra a população palestina, organizam gangues que agridem no espaço urbano israelense as pessoas que desobedecem ao que eles acham que deve ser o descanso do sábado, questionam as decisões das autoridades legítimas do Estado (com rabinos ditando ordens que autorizam soldados a desobedecer a seus superiores e fazendo cerimônias de amaldiçoamento — *Pulsa di Nura* — de políticos a favor da retirada dos territórios que são verdadeiros incentivos para que sejam assassinados), colocando muitos judeus ultraortodoxos e ortodoxos em confronto direto com a democracia e os valores humanistas. Isso sem mencionar que por vezes alguns rabinos apresentam atitudes que são uma afronta à sensibilidade humana e judia, como a do rabino Ovadia Yosef, um dos líderes espirituais dos judeus ortodoxos sefarditas em Israel, o qual declarou que os mortos no Holocausto sofreram esse destino porque eram a reencarnação de pecadores.

O fundamentalismo religioso judaico adquiriu dimensões de projeto político, representando um esforço sistemático de setores do rabinato ortodoxo de recuperar a hegemonia no judaísmo, perdida com a chegada da modernidade. O Talmude, se levado ao pé da letra, é extremamente autoritário, e as punições são violentas. Se elas nunca se concretizaram é porque o judaísmo talmúdico nunca teve um Estado por trás dele.

O crescimento do poder religioso e o fracasso do judaísmo secular dos pioneiros colocam hoje perante a sociedade israelense a necessidade de enfrentar o problema de construir uma nova cultura judaica secular. A noção de que era suficiente reunir os judeus num local do qual naturalmente se destilaria uma cultura judaica era uma ilusão. Essa ilusão sustenta a passividade dos israelenses seculares que acreditam que morar em Israel assegura uma vida judaica, e muitos deles esnobam os judeus seculares na diáspora.

A cultura é um produto intencional, que mobiliza recursos, políticas públicas e exige dos cidadãos fazer escolhas e lutar por elas. Embora estejam surgindo importantes esforços e experiências inovadoras, boa parte dos judeus seculares em Israel ainda aceita, muitas vezes de forma passiva, as imposições dos ortodoxos e ultraortodoxos por uma mescla de comodidade e irresponsabilidade. Em lugar de ter que responder a perguntas como "O que é uma cultura judaica israelense?", "Qual é o papel da religião?", "Quem é judeu?" e "O que é uma educação judaica?", eles deixam que a ortodoxia defina os parâmetros contra os quais eles se revoltam. Mas essa revolta é muitas vezes um jogo de faz de conta, em que se gasta energia na luta contra aquilo que não deseja, a opressão religiosa, e não em construir uma resposta própria sobre o sentido do judaísmo em Israel.

O Museu da Diáspora, localizado em Tel Aviv cedo ou tarde deverá ser reorganizado e, em lugar de mostrar um percurso que leva todas as diásporas a desembocarem em Israel, deverá mostrar um caminho mais diversificado e aberto, pelo qual a diáspora (constituída até por muitos israelenses que decidem deixar o país) continua a ser uma constante na história judaica. Afinal, não é difícil demonstrar que um povo pequeno só pode sobreviver ao longo do tempo caso consiga dissociar seu destino de um espaço físico único.

Embora identificada com o Estado de Israel, boa parte dos judeus do mundo permaneceu na diáspora, num contexto de ascensão social e participação na cultura global. O sionismo ainda luta para reconhecer esse fato. A diáspora ainda continua a ser representada como negatividade, como o caminho que leva ao abandono do judaísmo pela "assimilação".

O Estado de Israel modificou drasticamente a textura do povo judeu, mas não o "normalizou". Felizmente. Nem por isso é menos relevante. Ele deixou marcas profundas na vida judaica contemporânea. Além de mudar radicalmente a autoimagem dos judeus, criou uma rica cultura artística, e os centros acadêmicos em Israel geraram uma frutífera produção intelectual. O renascimento do hebraico também representa uma contribuição importante. Embora tenha havido, durante décadas, uma política sionista de suplantar o iídiche pelo hebraico, o iídiche esvaziou-se no Novo Mundo, por causas naturais, e na Europa Oriental foi destruído pelo Holocausto e pelo stalinismo. O hebraico, sem chegar a ter na diáspora um uso comparado ao do iídiche ou ao do ladino, se transformou numa fonte de identidade para os judeus do mundo todo.

Mas certamente as relações entre a diáspora e o Estado de Israel se jogam num nível mais profundo. Os idealizadores do Estado de Israel procuraram romper com os valores negativos que eles associavam à diáspora: resignação, medo, fraqueza, submissão. No caminho, esqueceram a principal lição da história judia, que as instituições que se sustentam somente no poder militar são fugazes, que a força de uma cultura são seus valores. Se for somente a contraface da diáspora, a cultura israelense está fadada a reproduzir seu lado traumático sem os valores e o *savoir-faire* que asseguraram sua sobrevivência por 2 mil anos. Ela não será capaz de fazer a paz com os palestinos e colocará em perigo sua existência, ameaçando as comunidades diaspóricas.

O futuro do judaísmo passa pela síntese entre valores israelenses e valores diaspóricos, entre o destemor de usar a força quando necessário e a sabedoria de que a força nunca é a solução para os conflitos. O Estado de Israel certamente permanecerá como uma referência central do judaísmo. Mas não é a única, nem pode sê-la. A construção de identidades judias na diáspora exige um esforço de afirmação das formas locais de viver o judaísmo. A tendência dos governos israelenses de

O ESTADO DE ISRAEL

instrumentalizar a diáspora e das lideranças comunitárias de se autovalorizarem fundamentalmente por suas relações com o Estado de Israel são um desserviço ao judaísmo e em nada ajudam em sua renovação. Uma lição central que pode ser retirada da experiência do Estado de Israel é que muitas das virtudes que eram consideradas inerentes à sensibilidade judia (por exemplo, a identificação com o oprimido) são produto das condições específicas da vida diaspórica. O poder político, ainda que necessário, corrompe e, quando associado ao fanatismo religioso, representa um enorme perigo. O judaísmo ortodoxo, na medida em que se associa aos projetos políticos, tem mostrado as mesmas deficiências que os outros integrismos e o nacionalismo xenofóbico: é intolerante e não hesita em usar a violência para impor sua vontade sobre o conjunto da população.

Pós-modernidade, diáspora e individuação do judaísmo

Os judeus na modernidade sempre tiveram dois desafios: adaptar-se aos novos contextos culturais num mundo em permanente transformação e dialogar/confrontar o judaísmo da geração anterior. Assim, os judaísmos na modernidade sempre foram judaísmos geracionais. Isso, por um lado, os renovou permanentemente, mas, por outro, dificultou a capacidade de acumulação de experiências e de diálogo entre gerações.

Devemos, portanto, nos esforçar em compreender o contexto em que vivem as novas gerações, profundamente diferente daquele em que se desenvolveu o judaísmo no século XX. Vivemos uma fase em que a história, as ideologias políticas e o racionalismo, embora não tenham sido totalmente deslocados da vida cultural, perderam seu impulso como fonte de inspiração de valores e ação coletiva. São tempos de "colapso do futuro", de descrença em que a história trará um futuro melhor, em que a racionalidade científica possui respostas para todas as perguntas e que a política pode preencher a subjetividade dos indivíduos. Tempos que corroem as velhas respostas do judaísmo do século XX.

A globalização e a homogeneização cultural, o esvaziamento da vida pública, o questionamento de valores universais e da razão, a individuação e a procura da felicidade pessoal no lugar de utopias coletivas são o novo substrato sociocultural no qual o judaísmo contemporâneo germina.

O mundo pós-moderno, cada vez mais global e unificado pelos meios de comunicação e pelo consumo de massas, apresenta um caráter fragmentado e caótico, no qual todos se sentem desenraizados. Os indivíduos participam de múltiplas subculturas "tribais" em constante mutação. Para aqueles que não conseguem conviver com a incerteza, com a perda de sentido coletivo e com a decomposição dos valores tradicionais, característicos do mundo contemporâneo, a religião aparece como um porto seguro.

A condição judia nos últimos 2 mil anos conviveu com muitos traços da pós-modernidade. O judeu, desenraizado, tinha o mundo como referência e a incerteza como parâmetro. Cosmopolita, era natural que navegasse entre culturas. Nesse sentido, judaísmo e pós-modernidade apresentam elementos convergentes.

De certa forma, a pós-modernidade "naturalizou" a condição judaica. Na modernidade, os judeus eram forçados a uma dupla subjetividade. Em público, deviam fazer demonstrações extremas de integração na cultura nacional, enquanto mantinham na vida privada seus sentimentos de lealdade judaica. Na pós-modernidade, essa esquizofrenia deixou de ser atual. Hoje, ter múltiplas identidades é a norma. As identidades crescentemente têm referências sub e supranacionais. O que antes aparecia como uma anomalia, a diáspora, hoje é um fenômeno universal. Ideologias como o discurso dos direitos humanos ou o ecologismo e identidades étnicas ou de gênero deslocaram a centralidade da identidade nacional nas democracias contemporâneas. A exigência de abandonar particularismos étnicos em nome da criação de uma sociedade universalista não está mais na ordem do dia.

PÓS-MODERNIDADE, DIÁSPORA E INDIVIDUAÇÃO DO JUDAÍSMO

Se a cultura pós-moderna trouxe o fim das grandes narrativas ideológicas e questionou os sonhos de um mundo guiado pela razão, ela também permitiu uma leitura menos rígida e liberadora das relações entre o texto e seu sentido. Ao postular que toda leitura é sempre uma interpretação original, perdeu sentido o sonho de Spinoza de atingir o significado original do texto bíblico, assim como a contraposição entre *pshat* e *drash*, entre o sentido literal e a interpretação. O jovem judeu do século XXI está muito distante do judeu do século XX, torturado pelas perguntas "O que é ser judeu?", "O que é a identidade judaica?", que tinham como pano de fundo a exigência de ter que escolher entre particularismo e universalismo, entre solidariedade nacional e com o próprio grupo, entre tradição e utopia. Não é mais necessário escolher.

O judaísmo teria, assim, condições de florescer num mundo que deixou de tratar o judaísmo como uma aberração e o judeu como um inadaptado. Ao contrário, o cosmopolitismo, a capacidade de conviver com diversas culturas, virou uma virtude e é objeto de cursos de especialização. O fim das ideologias totalizantes, que excluíam tudo o que não se ajustava a seu discurso, é sem dúvida saudável.

Mas a dinâmica histórica é paradoxal. Enquanto o mundo se diasporiza, o judaísmo se *desdiasporizou*. Oitenta por cento dos judeus estão localizados em dois países, Israel e Estados Unidos, e nenhum dos dois é vivido como diáspora.

Em hebraico moderno existem duas palavras para se referir à diáspora, *galut* (exílio) e *tfutzot* (diáspora). A primeira possui uma forte conotação negativa, a de uma imposição externa, o destino de viver como minoria oprimida em terras estranhas. A segunda é neutra, se refere ao fato de que um grupo se encontra disperso. A experiência dos judeus no mundo hoje é de diáspora e não de exílio, o que impõe a construção de novas narrativas da história judia radicalmente diferentes daquelas que sustentaram a tradição religiosa ortodoxa, valorizando a diáspora como fonte de riqueza e condição de sobrevivência do povo judeu.

As novas narrativas devem construir uma identidade judaica que não tenha como fundamento central histórias de perseguição e de vitimização. A identidade judaica é cada vez mais a expressão de uma escolha positiva, uma identidade étnica, em lugar de uma identidade estigmatizada. Ela é cada vez mais liberdade e menos destino. A consolidação do Estado de Israel passará igualmente pelo reconhecimento de que um povo diaspórico constrói uma nação de diásporas, de que um Estado democrático deve reconhecer os direitos culturais da minoria árabe.

A revalorização de identidades transnacionais, a globalização, o sucesso social da diáspora judaica no mundo, atualmente ao abrigo de perseguições coletivas, recolocam o Estado de Israel e a diáspora em uma perspectiva renovada. O sonho que orientou o sionismo, de normalização do povo judeu, parece realizar-se no mundo pós-moderno pela via inversa, com a condição diaspórica passando a ser a norma e o nacionalismo um problema, pois, embora vigente, é um marco ideológico em crise. Porém, o relativo fracasso, à luz do século XXI, não foi somente do sionismo, mas sim de todas as ideologias que renovaram o judaísmo na modernidade, pois o mundo se judaíza e o judaísmo se normaliza por caminhos que ninguém previu. O mundo se judaíza porque o cosmopolitismo, a circulação internacional e a inserção intercultural são valorizados, e o judaísmo se "normaliza" porque a forma diaspórica é cada vez mais disseminada.

A valorização da diáspora e da condição diaspórica não implica contrapô-las ao Estado de Israel, que seria um fenômeno do passado, como alguns intelectuais têm argumentado.

PÓS-MODERNIDADE, DIÁSPORA E INDIVIDUAÇÃO DO JUDAÍSMO

O Estado nacional enfraqueceu-se como unidade cultural, mas continua sendo relevante. O que deve mudar são as relações entre a diáspora e o Estado de Israel, num sentido mais igualitário e de diálogo, assim como se deve reconhecer que cada diáspora é diferente da outra.

O judaísmo é uma síntese bem-sucedida de local/global, de particular/universal. De uma identidade estigmatizada, imagem que, em alguma medida, ainda está presente na Europa, transformou-se, no Novo Mundo, certamente nos Estados Unidos e na América Latina, numa identidade étnica cada vez mais valorizada, e os casamentos mistos são crescentemente percebidos pelos não judeus como um passo de integração numa comunidade que é vista de forma positiva.

As novas condições culturais são diferentes dos séculos passados, orientadas por projetos coletivos influenciados pela filosofia e pelo sentido da história. O judaísmo contemporâneo é cada vez mais uma construção individual, que enfatiza o particular e não o universal, que se alimenta dos mais variados discursos e correntes disponíveis no mercado cultural, mas não se subordina a nenhum deles. Assim, o judeu pós-moderno se lembra das práticas e instituições judaicas de forma esporádica ou em contextos particulares — nascimentos e mortes, casamentos e *Bar/Bat-Mitzvot*, doenças, perda dos pais ou avós, ou crises existenciais.

No mundo pós-moderno, os judaísmos modernos tendem a se redefinir, particularmente aqueles que mais enfatizaram a identificação dos valores judeus com os valores universais. Afinal, o que mais oferece a cultura moderna é homogeneidade, de forma que a atração do judaísmo hoje passa a ser o seu valor de particularizar e gerar identidades diferençadas.

No interior do judaísmo surgem movimentos que procuram integrar as ideologias em voga — feminismo, ecologia

—, já não tanto como uma tradução do judaísmo na linguagem das ideologias universais, mas como esforços de atualização da tradição. Por sua vez, tradições esotéricas e místicas, como a cabala, foram reembaladas como manuais de autoajuda e se transformaram em um produto de "exportação" extremamente bem-sucedido. Nos tempos atuais, mais ainda que na modernidade, as práticas e instituições associadas ao judaísmo deixaram de ser uma presença constante na vida cotidiana da maioria dos judeus e perderam a vontade racionalizadora, doutrinária e universalista das correntes dominantes no século XX. Assim, o judaísmo pós-moderno é um judaísmo individualizado, do qual as pessoas se utilizam de acordo com estados de ânimo e circunstâncias. Ele deixa de ser o produto da imposição normativa de instituições que definem estilos de vida nos quais o social prevalece sobre o individual, para transformar-se em um movimento mais suave, em que as instituições propõem serviços para os indivíduos, que os utilizam de forma personalizada, modular, *à la carte*.

Esse processo não deve ser visto como algo negativo. A identidade vivida como algo monolítico é uma camisa de força, um *bunker* onde a pessoa se refugia por não suportar a diversidade das experiências culturais que o mundo contemporâneo oferece.

Se na modernidade o judaísmo interpelava o indivíduo para que deixasse de lado seus interesses pessoais e ajudasse a mudar o mundo, no judaísmo pós-moderno é o indivíduo que interpela o judaísmo para encontrar respostas para seus problemas subjetivos. Também as mais variadas correntes do judaísmo religioso, dos reformistas aos Luvabitch, passaram a elaborar suas mensagens como fórmulas de autoajuda. O perigo, obviamente, é transformar o judaísmo em mais um suporte da cultura narcisista de nossa época.

PÓS-MODERNIDADE, DIÁSPORA E INDIVIDUAÇÃO DO JUDAÍSMO

Na medida em que a identidade judaica é vivida de forma mais aberta, ela permite uma relação flexível com a diversidade de ofertas culturais que o judaísmo pode oferecer. Isso leva a expandir o mercado de consumo de bens judaicos, na medida em que os judeus deixam de viver seu judaísmo em grupos estanques (religiosos e seculares, sionistas e não sionistas). Durante as últimas décadas do século XX — para cuja cristalização convergiram a Segunda Guerra Mundial, o Holocausto, as guerras de Israel contra os países árabes, o declínio do comunismo e uma forte tendência à homogeneização social —, as comunidades judaicas viveram uma tendência homogeneizadora, com a marginalização de correntes divergentes. Essa situação está chegando ao fim. Mas a nova diversidade interna no judaísmo contemporâneo não é uma repetição do que aconteceu no período moderno; a diversidade de correntes não implica oposições excludentes. O judaísmo passa a ser uma construção pessoal, individual, uma bricolagem em constante mutação, na qual cada um se apropria de produtos das diversas correntes e os consome de forma individual e coletiva.

Judaísmos nacionais

A ênfase na visão galútica, negativa, da diáspora levou à construção de uma visão do judaísmo na qual os locais onde floresceu eram simples lugares de passagem, espaços inóspitos onde o judaísmo, apesar de tudo, conseguia sobreviver. Uma visão profundamente distorcida da história judaica. O judaísmo foi o que foi, desenvolveu-se e se enriqueceu graças à capacidade de conviver, interagir, usufruir, absorver, contribuir e elaborar as culturas locais, gerando novas sínteses culturais. Na comida, na música, nas artes, no conhecimento, nas formas de religiosidade e de crenças e, expressão de tudo isso, na língua, o judaísmo sempre esteve enraizado localmente.

Onde pode ser encontrada uma história similar de amor pela terra natal, Espanha, como foi a continuação do uso do ladino (uma versão do espanhol antigo) pelos judeu-espanhóis por cinco séculos depois da expulsão da península Ibérica?! Ou que melhor expressão de sincretismo do que o uso até os dias de hoje pelos judeus sefardim de um amuleto, o *Hamza*, no formato de uma mão com inscrições em hebraico, cuja origem é uma lenda ligada à mão de Fátima, filha do profeta Maomé?! Apesar de os judeus considerarem o hebreu a língua sagrada, o aramaico, a língua franca do Oriente Médio por muitos séculos antes e após a era cristã, também em Israel, penetrou inclusive nos ritos religiosos. Assim, por exemplo, o *Kadish Iatom* (a oração pela memória dos mortos) e o *Kol Nidrei* (oração com a qual se inicia o dia mais sagrado do ano — o *Yom Kipur*) são recitados em aramaico. Diferentes contextos locais geraram uma enorme diversidade, e por vezes conflitos, entre diferentes comunidades. Por exemplo, durante a Revolução Francesa, os judeus sefardim procuraram se distinguir dos judeus asquenazim, exigindo direitos de cidadão argumentando que eles não compartilhariam o "atraso" das comunidades de Alsácia e Lorena. Elias Canetti lembra em suas memórias de infância na Bulgária que o casamento de um sefardita com um judeu asquenazi era um tabu. Eu mesmo, na minha infância, lembro da dificuldade de compreender como alguém poderia ser considerado judeu e não falar iídiche. A competição e o preconceito no interior do próprio mundo sefardita e asquenazi era intenso, e, quando chegaram ao Novo Mundo, as comunidades se organizavam em função do país ou região de origem (alemão, húngaro, lituano etc.). Mas para quem quer descobrir a diversidade, tensões e diferenças entre diversos judaísmos enraizados em histórias locais, é só visitar Israel!

A dificuldade de muitas lideranças comunitárias de reconhecer a profunda integração entre cultura judaica e cultura local de certa forma constitui a versão oposta, mas igualmente maniqueísta, da versão antissemita do judeu. Para este último, o judeu está condenado a permanecer um corpo estranho à "essência" da cultura nacional. Para certas lideranças comunitárias, o contato com a cultura nacional pode levar à "assimilação".

O judaísmo sobreviveu, desde os tempos bíblicos até hoje, por sua capacidade de assimilar as mais diversas culturas. Foi graças a sua assimilação da cultura europeia que Theodor Hertzl, um judeu secular, elaborou o sionismo político.

Quem pode definir quem é um judeu assimilado? Diversas correntes do judaísmo usaram e abusaram do conceito de

JUDAÍSMOS NACIONAIS

assimilação, basicamente como uma estratégia para desqualificar e demonizar outras tendências das quais discordavam. Assim, eram definidos como assimilados os judeus não religiosos pelos religiosos, os conservadores e reformistas pelos ortodoxos, ou os não sionistas pelos sionistas, para dar alguns exemplos. A história nos ensina que todos estavam errados, no sentido de que nenhuma forma de judaísmo esgota todas as suas possibilidades, e que cada inovação — como, por exemplo, foram na sua época o chassidismo ou o sionismo — representa uma contribuição que o renova e fortalece.

Na demonologia construída em torno da assimilação, ocupa um lugar de honra o judaísmo alemão. Nunca na história judia, e talvez na universal, um grupo relativamente tão pequeno deu uma contribuição tão importante às artes, às ciências, à cultura humana e ao próprio judaísmo. Mas a tragédia nazista levou a que os judeus-alemães fossem transformados em bodes expiatórios daqueles que promovem uma versão paranoica da história. Os judeus-alemães teriam sido tolos, quando não francamente traidores, por terem acreditado no valor da cultura alemã. Que circunstâncias históricas precisas, e não um destino predeterminado pelo antissemitismo de uma parte do povo alemão, levaram ao poder um regime fanático e criminoso em nada desqualifica o judaísmo alemão, sem o qual nem o judaísmo nem a humanidade seriam o que são hoje.

Se podemos obter uma lição da experiência do judaísmo alemão, não é a de que os judeus não devam viver intensamente a cultura local, mas a de que não podem se iludir a respeito da natureza destrutiva do Estado moderno quando em mãos de regimes autoritários. A dinâmica efetiva da sociedade moderna, em sua versão capitalista ou comunista, mostrou que a ideologia da igualdade, liberdade e fraternidade pode ser rapidamente negada por forças políticas capazes de mobilizar sentimentos xenófobos e o terrorismo de Estado, com amplo apoio social. O inimigo das minorias não é a cultura local, mas os regimes autoritários e aqueles que defendem uma visão da cultura nacional como sendo homogênea e a utilizam como um instrumento de poder para excluir todos aqueles que deles divergem.

A valorização da riqueza da experiência judaica de integração da cultura nacional é uma forma de "normalizar" o judaísmo em relação aos não judeus e sobretudo em relação a si mesmos.

Judaísmo como resistência, dissonância cognitiva e culpa coletiva

Nenhuma das características psíquicas que geralmente se atribuem aos judeus é monopólio destes e menos ainda se encontram igualmente distribuídas. É natural estar orgulhoso de ser parte de um povo que gerou Einstein e Freud, mas ficar à sombra de grandes figuras não nos transforma em parte delas. No melhor dos casos pode servir como incentivo à superação individual, com a condição de que não transforme os filhos em vítimas de mães judias que esperam que eles um dia recebam o Prêmio Nobel...

As características que são identificadas como parte de uma psicologia ou traços de conduta "judia" estão presentes em indivíduos de todas as culturas. Mas, sem possuir o monopólio sobre nenhuma peculiaridade psicocultural, os judeus, novamente de forma não homogênea, possuem certos traços psíquicos e *savoir faire*, produtos de sua história, que favoreceram o sucesso social que tiveram na modernidade. Embora apareçam como características individuais, inclusive em judeus que não desejam se assumir como tais, elas são produto de uma experiência coletiva.

Como mencionamos anteriormente, os judeus sobreviveram à Idade Média mantendo uma cultura própria e um nível escolar muito mais alto do que o que predominava nas sociedades em que se encontravam. A crença na futura redenção

JUDAÍSMO PARA TODOS

messiânica e de ser o povo escolhido por Deus, sólidas instituições de apoio mútuo que asseguravam a coesão e o controle social, e a valorização da família transformaram os judeus num grupo de indivíduos com uma enorme capacidade de resistência, isto é, de suportar situações adversas e desenvolver estratégias criativas de sobrevivência.

Embora tenha sido um grupo oprimido, ele manteve uma autoimagem extremamente positiva de si mesmo. Freud explica essa autoimagem como um mecanismo compensatório pelas derrotas sofridas em mãos de outros povos, desde os tempos bíblicos. Mas nem todo neurótico vira Leonardo da Vinci, nem todo povo derrotado sobrevive e cria uma autoimagem positiva como os judeus. Enquanto os grupos oprimidos normalmente interiorizam sua posição subalterna e aceitam seu lugar na hierarquia social, os judeus conseguiram manter altos níveis de autoconfiança e se proteger do código dominante que os humilhava. Ao mesmo tempo, a luta constante pela ascensão e pelo sucesso social é uma síndrome de um grupo que sente profunda insegurança sobre o futuro e o seu lugar na sociedade.

Essa característica, de disposição de não aceitar as regras do jogo estabelecidas, de não se submeter à ordem social e às hierarquias preestabelecidas, é denominada *chutzpa* (impertinência, insolência, cara de pau). A *chutzpa* foi particularmente eficaz associada a outro traço, produto das condições de vida na diáspora: a capacidade de suportar a dissonância cognitiva. Sabemos que a tendência geral das pessoas é se alinhar com o pensamento da maioria. Durante séculos, os judeus foram treinados para viver em dois mundos: o da cultura dominante e o da cultura própria. Esse treinamento implica aprender a viver entre duas culturas, a compreender que há outras formas de ser além das próprias e, sobretudo, a manter uma visão de mundo diferente da

dominante. Mais ainda, sendo minoritário, obriga a um esforço constante para discernir as intenções do outro, a um esforço constante de reflexividade, de pensar a si mesmo levando em consideração as intenções dos outros.
A capacidade de suportar a dissonância cognitiva é uma das precondições básicas para a criatividade. O criador é alguém que pensa diferente, que procura caminhos próprios, em suma, que suporta e, em boa medida, desfruta sua condição de dissonante cognitivo. Pensar ou fazer de forma diferente, construir saídas inovadoras exige a disposição de seguir trilhas próprias, sair do senso comum — espaço no qual o judeu não podia habitar. No contexto da cultura talmúdica, a capacidade de suportar a dissonância cognitiva estava fundamentalmente a serviço da resistência diante da religião dominante, embora a criatividade em relação ao mundo social mais amplo tenha conseguido se expressar, já no final da Idade Média, em inovações na área comercial, na cartografia e na navegação marítima. Já na modernidade, ela se expandiu para todas as áreas das ciências, artes e atividades econômicas.

O humor judaico, um dos produtos do judaísmo moderno, expressa, pelo avesso, a permanente necessidade de decifrar a conduta do outro para poder adequar a própria. É fundamentalmente um olhar crítico sobre si mesmo, focalizando sejam as tragicomédias produzidas pela obsessão da mãe judia com o sucesso dos filhos, sejam as relações com o mundo não judeu, sejam os raciocínios tortuosos para se obter um resultado desejável. O humor judaico é a dissonância cognitiva aplicada sobre si mesmo, relativizando tudo que é levado a sério, fazendo suportável o peso das relações neuróticas com o mundo. Humor exige um senso de ironia, de distanciamento e de relativização de nossas próprias crenças e formas de ser.

Nos tempos modernos, o capital cultural, a resistência diante da adversidade, a *chutzpa* e a capacidade criativa produzida pelo treinamento em dissonância cognitiva permitiram aos judeus ocupar um percentual muito alto de posições de destaque na sociedade. Os ganhos desse sucesso foram acompanhados de custos enormes. A resistência, a *chutzpa* e o sucesso são características que não deixam as pessoas neutras. Menos ainda quando elas estão associadas a um grupo minoritário. Toda história de sucesso, coletiva e individual, leva a projetar nela um ideal positivo ou negativo, sentimentos de inveja destrutiva ou admiração, mas dificilmente gera neutralidade.

O judeu, novamente generalizando características que diferem de indivíduo a indivíduo, possui um forte sentimento de culpa coletiva. Todo grupo oprimido se sente culpado por possuir características identificadas pela cultura dominante como negativas (a cor da pele, o gênero ou a opção sexual). Ele se ressente de seu destino e interioriza em maior ou menor medida as opiniões do grupo opressor. A reação judia a esse sentimento na modernidade tem sido a necessidade constante de querer justificar seu direito à existência apelando para a contribuição que os judeus dão ao mundo e para um discurso ético universal do qual os judeus se consideram portadores privilegiados pelo sofrimento passado. Ambas as tendências são compreensíveis, mas o direito à existência não precisa de justificação, e éticas universalistas que reprimem ou escondem os interesses de seus portadores são irresponsáveis.

A vivência diaspórica, na modernidade, criou também uma dissonância social. A ascensão social dos judeus no século XX não significou o fim do estigma e do preconceito, e os judeus que ascendiam socialmente continuaram sentindo-se oprimidos e marginalizados socialmente. As promessas do Iluminismo não pareciam se concretizar nas sociedades capitalistas liberais. Um passo mais era necessário. Associada à dissonância cognitiva, a dissonância social levou uma porcen-

JUDAÍSMO COMO RESISTÊNCIA, DISSONÂNCIA COGNITIVA E...

tagem grande de judeus a se identificar com os oprimidos e humilhados e a militar em causas políticas que reivindicavam uma transformação revolucionária. O velho sonho messiânico deu lugar a utopias seculares, nas quais intelectuais judeus estiveram desproporcionalmente representados. No início do século XXI o cenário tem se modificado profundamente. As utopias revolucionárias perderam seu impulso e as reivindicações dos humilhados e oprimidos se fragmentaram em demandas corporativas em que cada vítima exige reconhecimento para seu próprio grupo. Por sua vez, na maioria dos países os judeus consolidaram suas posições sociais e as situações em que lhes era negado o reconhecimento de sua dignidade humana diminuíram drasticamente. O messianismo judeu, seja na sua versão religiosa tradicional, seja na sua versão secular, que expressava o sofrimento de uma minoria oprimida pelo poder político e pela cultura dominante, perdeu o papel central que ocupou no imaginário de boa parte dos judeus e muito mais ainda em muitas das versões institucionalizadas do judaísmo.

TERCEIRA PARTE Desafios e o futuro
do judaísmo

Quem fala em nome dos judeus: Rabinos? Plutocratas? Os governos do Estado de Israel?

Até a modernidade, a tradição rabínica e o judaísmo praticamente se confundiam. A criação do judaísmo moderno pode ser sintetizada sociologicamente como o surgimento de lideranças que questionaram o monopólio dos rabinos ortodoxos de definir o que seja judaísmo. Revolução que se deu inclusive no interior do *establishment* religioso: rabinos liberais e depois conservadores afirmaram que os rabinos ortodoxos não eram a única autoridade para definir os parâmetros da religião judaica.

A partir do século XIX, as novas elites intelectuais, em geral seculares, renovaram completamente o judaísmo, transformando a ortodoxia em mais uma corrente, minoritária. O movimento de renascimento da língua hebraica foi liderado por judeus seculares, que retomaram o hebraico como língua cotidiana, em lugar de seu uso restrito para o estudo de textos religiosos. A literatura e, depois, o teatro e o cinema iídiche igualmente foram majoritariamente obra de escritores judeus seculares. Como indicamos, o movimento Bund, socialista idishista, era secular; assim foi a maior parte da liderança que propulsou o sionismo e a criação do Estado de Israel, de Pinsker a Hertzl, de Ben Gurion a Jabotinsky, de Moshe Dayan a Golda Meir.

Nas últimas décadas os rabinos retomaram uma posição de destaque na vida judaica. Em circuncisões, *bar/bat mit-*

zvot, casamentos e até enterros, a maioria dos judeus pensa que é necessária a presença de um rabino. Na esfera pública, os rabinos ocupam cada vez mais o espaço de porta-vozes do judaísmo.

O que aconteceu? Como foi possível esse aparente retorno ao passado, ainda mais quando ele não se sustenta nas próprias estruturas tradicionais, uma vez que no judaísmo talmúdico, ao contrário do papel do padre no catolicismo, o rabino não possui nenhum *status* especial. Não existe no judaísmo nenhum intermediário na relação entre o indivíduo e Deus. Nenhuma cerimônia judaica exige a presença de um rabino. Circuncisão, *bar/bat mitzvot*, casamento, enterro, oração na sinagoga ou qualquer outro rito prescindem do rabino. A única exigência, em certas cerimônias, é o *miniam*, ou seja, a presença de dez judeus, que simboliza a comunidade. (Embora o *miniam* só pudesse ser constituído por homens, hoje muitas correntes religiosas já aceitam incluir mulheres.)

Na minha infância e na adolescência, frequentei uma sinagoga ortodoxa na qual nunca esteve presente um rabino, assim como não havia rabinos nas outras sinagogas do bairro. Tampouco havia rabinos nas circuncisões, nos casamentos e nos enterros, todos eles de judeus ortodoxos. Sempre achei natural um judaísmo sem a presença de rabinos. Por que então hoje nos defrontamos com a "catolização" do judaísmo, isto é, com uma percepção generalizada de que o rabino se faz necessário para presidir uma cerimônia na sinagoga ou um rito de passagem? Ou de que um livro sobre judaísmo naturalmente deve ser escrito por um rabino? Em suma, de onde vêm essa autoridade e essa nova legitimidade dos rabinos?

Acredito que se trata da convergência de vários fatores, cujos pesos são certamente diferentes em cada país:

1) A profissionalização do rabinato é relativamente recente. Os grandes rabinos que elaboraram o Talmude ganhavam o

pão em outras profissões. De acordo com o Talmude, Hillel cortava lenha; Shammai era construtor; Joshua, ferreiro; Abba Hoshaiah de Turya, lavadeiro; Hanina e Oshaya, sapateiros; Karna, enólogo; Huna carregava água; Abba ben Zemina era alfaiate, e assim por diante. O rabino não era um profissional, mas uma pessoa que a comunidade reconhecia como tal pelo seu saber. É somente na baixa Idade Média que começa a surgir a figura do rabino tal como a conhecemos, cuja principal função era a de julgar situações de litígio ou de condutas a seguir, em caso de dúvida sobre a aplicação das regras da *kashrut*.

Será o judaísmo reformista, na Alemanha do século XIX, influenciado pelo modelo protestante, o criador de um novo tipo de rabino profissional, com uma formação cultural moderna, que perde seu papel de árbitro, já que a *kashrut* perdeu seu peso e os conflitos cíveis e comerciais passaram a ser julgados pelo Judiciário do país. Em suma, os rabinos passaram a ser profissionais, mantidos por comunidades cujas relações com o judaísmo ficaram diluídas pela integração dos valores da modernidade. Assim, a profissionalização do rabinato expressava o distanciamento crescente dos judeus em relação à cultura judaica, e sua delegação a um especialista.

2) O que era um fenômeno inicialmente restrito ao judaísmo reformista passou a se generalizar entre as novas gerações de judeus, especialmente as contemporâneas. Enquanto as primeiras gerações de judeus seculares tiveram uma formação religiosa, contra a qual reagiram mas que conheciam, as novas gerações não possuem maiores noções do que seja a tradição judaica. Naturalmente delegam esse conhecimento a especialistas, inclusive rabinos ortodoxos, mesmo não o sendo eles mesmos, especialmente quando se fazem necessários em rituais, imitando os modelos do meio cristão circundante.

As transformações sociais do judaísmo, que levaram boa parte de sua população a ocupar setores de classe média, e a profissionalização do rabinato praticamente fizeram desaparecer a figura do rabino-exemplo-de-humanidade, que deu lugar a tantas belas anedotas. Nelas, alguns rabinos participavam do sofrimento e da pobreza na qual vivia a maioria dos judeus, com conselhos sábios e atos de generosidade. O rabino contemporâneo é um profissional que serve a uma comunidade. Certamente participa da manutenção do judaísmo, e muitos deles fazem contribuições importantes para sua renovação. Mas ele não possui nenhum monopólio do judaísmo, nem é seu porta-voz.

Entre os rabinos e a plutocracia no início dos tempos modernos, ou os assessores da corte na Idade Média, existia certa divisão de tarefas. Os rabinos eram os líderes no interior da comunidade e a plutocracia ou os cortesãos atuavam como interlocutores com os poderes locais. Existia, e, até certo ponto, ainda subsiste, uma bela tradição em que judeus ricos casavam suas filhas com rabinos, assegurando com o dote a sustentação da família. Um modelo que se repetia a cada geração, pois enquanto o homem estudava, a mulher tomava conta da família e dos negócios, o que muitas vezes levava, com o passar dos anos, ao empobrecimento.

O judaísmo sempre foi policlassista. Somente por algumas décadas, no fim do século XIX e início do século XX, na Europa Oriental, surgiu um judaísmo que enfatizava a luta de classes. O policlassismo do judaísmo foi fundamental para sua sobrevivência. Judeus ricos construíram sinagogas, fizeram filantropia, apoiaram a cultura iídiche, o movimento sionista e a construção do Estado de Israel, mesmo que o movimento sionista por longo tempo fosse dominado por tendências socialistas.

À medida que os valores igualitários dos tempos modernos foram avançando, o peso da plutocracia nas comunidades

QUEM FALA EM NOME DOS JUDEUS? RABINOS? PLUTOCRATAS?...

passou a ferir a sensibilidade de muitos, em particular dos mais jovens. Quando criança, um dos fatores que me afastaram da religião foi ver como o presidente da sinagoga, o judeu mais rico do bairro, era respeitado e temido, apesar de manter aberto seu negócio no sábado e nos feriados judeus e de só aparecer na sinagoga por algumas horas nas grandes festas.

Obviamente existiam tensões entre ambos os poderes, que se expressavam por vezes quando os rabinos julgavam causas em que os interesses dos homens ricos estavam presentes, ainda que os melhores rabinos procurassem manter sua autonomia. Contudo, uma atitude mais condescendente dos rabinos com os judeus ricos era comum, levando-os a interpretações mais flexíveis ou favoráveis a seus interesses.

Apesar das tensões que o caráter policlassista das comunidades judias podem gerar, trata-se de um fenômeno enriquecedor, que em muitas circunstâncias se expressa em formas de solidariedade interclassista que só podem ser aplaudidas. O problema que se coloca hoje é a tendência de boa parte dos judeus com recursos de apoiar causas politicamente reacionárias, como o Aipac (American Israel Public Affairs Committee) — um *lobby* pró-Israel nos Estados Unidos cujas posições de extrema-direita certamente não representam a maioria dos judeus americanos —, ou de favorecer instituições judias ultraortodoxas, apesar de eles mesmos não o serem. Poucos filantropos importantes, dentre os quais sobressai a Fundação Posen, investem no desenvolvimento do judaísmo secular. Novamente aqui se tem o efeito da perda de referências dos judeus seculares, que os leva à crença de que, apoiando os judeus ortodoxos, estão contribuindo para a continuidade do judaísmo.

Finalmente, os governos do Estado de Israel se arvoram como representantes do povo judeu, o que obviamente não é o caso. Ainda mais porque, em muitas situações, eles confundem os interesses políticos de seus governos ou do Estado de Israel com os do povo judeu.

Quem representa o judaísmo? Ninguém em particular. Cada instituição judia tem uma legitimidade limitada, dada pelo público específico que ela representa. O desafio dos judeus seculares é recuperar o papel que intelectuais e líderes seculares tiveram no judaísmo moderno. Eles continuam tendo um peso importante em Israel, particularmente escritores, artistas e cientistas que são a principal voz moral da nação. Na diáspora, a orfandade intelectual das instituições judaicas é dramatizada pelo abandono da vida comunitária por boa parte dos intelectuais judeus, deixando-as em geral em mãos de pessoas, ainda que bem-intencionadas, geralmente conservadoras, e dependentes de doações de empresários cujos valores (por opção, temor ou ignorância) muitas vezes não são os de renovação do judaísmo.

Quem é judeu? Casamentos e enterros

Na tradição ortodoxa, quando um filho ou uma filha se casava com um não judeu, os pais deveriam considerá-los não como se estivessem mortos (pois isso exigiria manter luto), mas como se nunca tivessem existido (seus nomes e sua memória deviam ser apagados, ou, como hoje diríamos, deletados). A definição de quem é judeu é uma das heranças da cultura talmúdica que o judaísmo moderno tem tido maior dificuldade de enfrentar. Todo grupo tem critérios de entrada. A matrilinearidade é um critério possível, mas é um mau critério, que não se adapta aos tempos atuais. É uma regra produzida no período pós-bíblico, num certo contexto histórico, e peca por excesso e por omissão.

Por excesso, porque continua definindo como judeu alguém que optou por sair do judaísmo, inclusive convertendo-se a outra religião. Essa imposição de identidade se justificava em tempos em que os judeus eram forçados a se converter. Mas não nos tempos atuais. Por exemplo, quando é negado a Nicholas George Winton — que salvou do Holocausto 669 crianças judias —, pelo Yad Vashem (o museu do Holocausto em Jerusalém), o título de Gentil Justo porque seria judeu, embora seus pais, nascidos judeus, tenham se convertido ao cristianismo e ele mesmo tenha sido criado nessa tradição, está sendo praticada uma enorme violência simbólica.

E por omissão, porque exclui todos aqueles — geralmente filhos de casamentos em que o pai é judeu — que desejam ser judeus, mas não desejam se submeter a um rito de passagem definido em termos religiosos.

Não tem legitimidade histórica, pois, de acordo com o princípio da matrilinearidade, não haveria judeus, pois Abraão, Isaac e Jacó, Moisés, Davi e Salomão tiveram esposas não judias, e a Bíblia não fala de conversões. O rei Davi descende de Rute, a moabita. A condição de sacerdote (*cohen* e *levi*) é transferida até hoje por linha patrilinear. No relato bíblico, quando os irmãos de Moisés, Aron e Miriam, o criticam por ter se casado com uma não judia (*kushit*, possivelmente de origem africana), Deus castiga Miriam com lepra. Quando a Bíblia expressa uma preocupação com os casamentos mistos, ela se encontra em livros tardios (Levítico e Deuteronômio) e a preocupação instrumental é explícita: que os judeus terminassem se diluindo entre os outros povos, pela introdução de cultos idolátricos.

Embora o Talmude reconheça uma ampla categoria de formas de periferia judaica (diferentes tipos de *guerim* — pessoas que vivem no entorno judaico seguindo os valores básicos do judaísmo), predominou na tradição talmúdica a matrilinearidade e a oposição *ydn-goym*, associada ao par puro/impuro. Uma versão que explica a adoção da matrilinearidade é de que somente a maternidade e não a paternidade, na época, podia ser assegurada. Outra explicação é que se tratou de uma forma de proteger as crianças nascidas de violações por forças conquistadoras, em particular no período romano.

Ainda assim, na prática, a patrilinearidade continuou presente na diáspora. Pesquisas genéticas recentes indicam que grande número de comunidades judias na diáspora tem origem patrilinear, produto de casamentos entre judeus e mulheres locais. Em suma, a matrilinearidade não se sustenta em

QUEM É JUDEU? CASAMENTO E ENTERROS

princípios teológicos ou históricos, é uma convenção que predominou em certo período da história judia.

Essa tradição, na modernidade, começou a mudar, inicialmente com uma maior tolerância em relação aos casamentos mistos de ricos e famosos. Ninguém ousa criticar os Rothschilds por casarem com não judias, nem Albert Einstein e boa parte dos Prêmios Nobel e artistas famosos, de Kirk Douglas a Spielberg, de quem os judeus se orgulham. Einstein, inclusive, foi convidado a ser o segundo presidente de Israel, o que teria levado a uma primeira-dama não judia. A música de *Hanuca* mais popular nos Estados Unidos, *Crazy for Chanukah*, de Adam Sandler, festeja que *"Paul Newman's half Jewish, Goldie Hawn's half too. Put them together, what a fine lookin' jew"*, *"Harrison Ford's a quarter Jewish — not too shabby!"* ("Paul Newman é metade judeu, Goldie Hawn também. Coloque eles juntos e tenha um judeu bem legal"; "Harrison Ford é um quarto judeu — nada mal").

A norma matrilinear não é mais atual. O judaísmo não vive rodeado de povos pagãos, nem as mulheres judias são violadas ou a paternidade não pode ser verificada. O perigo real hoje é o inverso, que os filhos dos matrimônios mistos sejam afastados pelos preconceitos das comunidades judias.

A maioria dos judeus percebe a humanidade como uma só. As pessoas procuram prioritariamente seu próprio bem-estar e sua própria felicidade, e as diferenças não devem ser um empecilho à atração amorosa. Naturalmente, a interação social leva cada vez mais a casamentos mistos. Praticamente a metade dos judeus da diáspora casa-se com não judeus, e os pais se veem divididos entre manter-se apegados ao passado e aceitar novas regras que não excluam seus filhos do judaísmo. Certamente muito poucos dentre eles se dispõem a deletá-los.

As instituições tradicionais que definem quem é judeu estão, vagarosamente, se readaptando aos novos tempos. Em Israel existe um movimento para retirar o monopólio dos rabinos sobre as conversões pela criação de um rito de "judaização secular", que permitiria a integração ao judaísmo daqueles que não se consideram religiosos. A continuação em Israel do monopólio religioso ortodoxo da definição de quem é judeu leva inclusive a um paradoxo: uma vez que a tradição judaica ortodoxa é matrilinear e a muçulmana é patrilinear, o filho de um muçulmano e de uma judia estaria condenado pela legislação israelense (que reconhece igualmente o poder do clero islâmico) a pertencer simultaneamente às duas religiões.

Embora os interesses demográfico-estratégicos do Estado de Israel o levem a uma flexibilidade enorme em torno das origens judias de um candidato à emigração, a política interna entregou ao rabinato ortodoxo o monopólio sobre a definição de quem é judeu, bem como sobre os matrimônios e as conversões.

Uma situação que se repete periodicamente em Israel: um jovem soldado, geralmente vindo da ex-União Soviética (centenas de milhares de imigrantes são judeus por origem patrilinear), morre na frente de batalha. Quando vai ser enterrado, o rabino declara que ele não é judeu, pois sua mãe não se converteu ao judaísmo. Portanto lhe é proibido o enterro no interior do cemitério militar ou em qualquer outro cemitério controlado pelo rabinato. Em alguns casos, o corpo chega a ser "repatriado" para o país de origem ou dos pais, em outros ele é enterrado num cemitério "privado", geralmente um *kibutz* que mantém cemitérios fora da jurisdição do rabinato.

Em certos países na diáspora existe uma diversidade de cemitérios judeus ou, em alguns casos, cemitérios administrados em condomínio por diferentes correntes. Mas em muitos

QUEM É JUDEU? CASAMENTO E ENTERROS

países a comunidade delega as decisões totalmente aos rabinos ortodoxos. Quando recentemente famoso humorista carioca Bussunda faleceu e foi enterrado no cemitério São João Batista, um líder comunitário, referindo-se ao fato, afirmou que ele exemplificava um "holocausto silencioso". Sem entrarmos na referência ignorante e ofensiva da comparação com o Holocausto (como se o assassinato bárbaro e a escolha pessoal possam ter algo em comum), o curioso é a cegueira das próprias lideranças em relação a sua responsabilidade direta em expulsar os judeus de seu seio. Pois, afinal, se a vontade de Bussunda fosse ser enterrado ao lado de sua esposa, o enterro só poderia ter sido num cemitério não judeu.

O judaísmo Reformista, parte do movimento Reconstrucionista e certos rabinos do movimento *Renewal* aceitam como judeus filhos de mãe ou pai judeu, na medida em que a criança foi educada dentro do judaísmo, cumpriu os ritos de passagem (circuncisão, *bar/bat mitzvat*) e se define como judeu. Pelo contrário, dos judeus que se converteram a outra religião é exigida a conversão se quiserem retornar ao judaísmo. O movimento conservador, ainda que dividido, mantém o princípio matrilinear.

A pressão do judaísmo norte-americano obrigou a que conversões realizadas por rabinos conservadores e reformistas na diáspora sejam aceitas como legítimas pelo rabinato israelense, mas as conversões realizadas por essas correntes em Israel não são aceitas. Também muitos rabinos ultraortodoxos não aceitam conversões realizadas por rabinos ortodoxos, que por sua vez têm divisões internas. Em Israel, recentemente, a nova direção da instituição rabínica por meio da qual o Estado delega a definição de quem é judeu cancelou muitas das conversões realizadas pela liderança anterior.

Na diáspora as conversões realizadas por rabinos conservadores são questionadas pelos ortodoxos e mais ainda pelos

JUDAÍSMO PARA TODOS

ultraortodoxos. Mas, igualmente, muitas das conversões realizadas pelos ortodoxos são questionadas pelos ultraortodoxos, e entre os próprios ortodoxos existem divisões sobre o tema. Essas divisões são extremamente positivas, porque indicam que, definitivamente, o judaísmo hoje é plural.

Antissemitismo e as relações *ydn* e *goym*

Em geral com uma porcentagem relativamente alta em relação ao conjunto da população de militantes comunistas e empresários capitalistas, os judeus com facilidade foram transformados em bode expiatório por todos aqueles que procuram um culpável externo para os males das sociedades modernas, em particular em situações de crise econômica. Os judeus são então transformados num poder invisível, organizadores de conspirações que explicariam a ordem mundial e as transformações que geram incerteza e medo em relação ao futuro. A orientação para a inovação e o sucesso social dos judeus produz sentimentos contraditórios, reações de admiração e/ou ódio, que se nutrem das contradições inerentes aos valores da modernidade ao mesmo tempo em que dão continuidade e/ou atualizam velhos preconceitos associados à Igreja cristã e ao Islã. O judeu sobressai num mundo com valores igualitários, é fortemente solidário em sociedades individualistas, é inovador e aberto ao novo, mas consegue de alguma forma manter suas tradições. Os judeus não se enquadram nas categorias de nação, religião, classe social, corporação ou etnia, que utilizamos para compreender os agrupamentos nas sociedades modernas.

Em pessoas, ideologias e culturas orientadas para o futuro, o judeu é valorizado, e para aqueles que romantizam o passado, o judeu tende a ser representado como destruidor de um mundo idealizado. A associação do Estado de Israel com os Estados Unidos produziu uma aliança esdrúxula entre fundamentalistas islâmicos e grupos de militantes antiglobalização. Séculos de perseguições transformaram o antissemitismo na chave de interpretação que os *ydn* (*ydn* é a autodenominação, no plural, dos judeus em iídiche) usaram para compreender sua relação com os *goym* (não judeu, assim denominados no Talmude, embora na versão bíblica *goym* se refira genericamente a todos os povos, inclusive o judeu). Essa leitura é compreensível, ainda que criticável quando produz condutas xenófobas num grupo que experimentou por séculos a humilhação, a persecução e o trauma enorme do Holocausto.

O sentimento profundo de fragilidade da condição judia é difícil de transmitir no mundo contemporâneo, onde tantas pessoas passam necessidade, sofrimento e opressão. Pois se os judeus foram vítimas por longos séculos, faz décadas que eles vivem em geral numa situação de prosperidade, ainda que existam muito mais judeus pobres do que o imaginário popular reconhece.

Muitos não judeus não entendem por que os judeus se autorrepresentam como vítimas quando foram tão bem-sucedidos socialmente, enquanto para os judeus a inexistência de perseguições na maioria dos países onde eles vivem não elimina o medo de que o antissemitismo possa ressurgir.

Esse medo não é irracional, ainda que certas expressões dele possam sê-lo. Enquanto as sociedades não se assumirem como responsáveis pelos seus problemas, em lugar de transferir a "culpa" a terceiros, o antissemitismo continuará sendo um perigo potencial. Particularmente, a experiência histórica mostra que, em situações de crises econômicas ou políticas, alguns líderes buscam um bode expiatório a quem responsabilizar pelo mal-estar social. Os judeus cumpriram

ANTISSEMITISMO E AS RELAÇÕES YDN E GOYM

esse papel no século XIX e na primeira metade do XX. Na atualidade, na maioria dos países muçulmanos, o antissemitismo, junto com o antiamericanismo, cumpre o papel de bode expiatório das dificuldades culturais de adaptação ao mundo moderno.

Situação até certo ponto similar é vivida pelos israelenses. Custa a eles entender a simpatia de boa parte da opinião pública internacional com os palestinos, que vivem na sua maioria em condições de pobreza e opressão, enquanto eles usufruem um alto nível de vida e são uma minipotência militar. Mas a percepção dos israelenses não é simples autoengano. Ela é alimentada por críticos da política externa de Israel que têm uma condescendência irresponsável com os grupos que propõem sua destruição, confundindo o objetivo legítimo da causa palestina de criação de um Estado próprio com ideologias e líderes a ela associados, muitos dos quais têm uma agenda política potencialmente genocida.

A dificuldade de comunicar a fragilidade da condição judia e o perigo do antissemitismo têm levado a maioria das lideranças comunitárias a denunciar de forma por vezes histérica qualquer crítica às políticas dos governos israelenses como antissemita. Tampouco ajuda denominar qualquer comentário aparentemente preconceituoso de antissemitas no sentido de implicar ódio e promover a negação da humanidade do judeu. Sei que se trata de um argumento que pode ser usado por antissemitas/racistas/sexistas. Cada caso deve ser ponderado, mas a hipersensibilidade do oprimido não justifica a confusão de qualquer expressão politicamente incorreta com ódio racial.

Aclaremos: não estamos justificando expressões indevidas. Elas devem ser combatidas, mas com a ponderação devida a cada caso. Porque infelizmente racismo, sexismo etc. podem produzir uma indústria de vitimização, de líderes e instituições que se projetam pela denúncia, levando-os a apresentar uma versão distorcida ou inflacionada dos fatos.

O respeito pela sensibilidade alheia — e mais ainda no espaço público —, seja em relação a objetos sagrados, seja a grupos que sofreram discriminação, humilhação e perseguição, é fundamental para construir uma sociedade na qual ninguém sinta negada sua dignidade humana. Esse objetivo, porém, é um ideal em direção ao qual procuramos caminhar, mas que é construído a partir de uma bagagem cultural, em que hábitos linguísticos, formas de humor e preconceitos inconscientes estão presentes. Como Sartre observou, as pessoas não se dividem em racistas e antirracistas, mas entre os que se acomodam e os que enfrentam o racismo que cada um leva dentro de si.

Um comentário mal elaborado a respeito de raça, religião, sexo ou etnia não transforma alguém em racista, antissemita, homofóbico ou sexista. O conceito de racismo esconde uma diversidade de situações. Um comentário preconceituoso não significa que o indivíduo esteja disposto a entrar para a Ku Klux Klan ou para o Partido Nazista, ou que esteja imbuído de ódio racial. A maioria das pessoas que fazem esses comentários se desculpa quando se conscientiza de que feriu a sensibilidade de alguém.

Todos os povos e grupos possuem preconceitos, estereótipos negativos, piadas sobre outros grupos e seus vizinhos. Sem dúvida, os grupos que associam esses preconceitos a histórias de opressão são mais sensíveis a eles. Mas a tendência excessiva a gritar "fogo" é típica de muitas instituições e líderes comunitários que têm no antissemitismo sua razão de ser e o único tema a comunicar. Sem dúvida existem situações que devem ser combatidas frontalmente, mas, em geral, atuar pedagogicamente é muito mais frutífero.

Não podemos esquecer que comentários com alguma conotação negativa sobre os *goym* são algo relativamente comum numa conversa entre um grupo de judeus. Isso implica ódio, negação da humanidade do outro, vontade destrutiva? Certamente não. Mas a força do antissemitismo permitiu ao judaísmo institucionalizado, inclusive aos intelectuais judeus, obliterar e não enfrentar as dimensões problemáticas que muitos judeus apresentam nas suas relações com os não judeus (*goym*).

Sejamos claros, não se trata de explicar o antissemitismo pelas atitudes de alguns judeus, pois o ódio se alimenta de si mesmo e não das características do outro. Não se trata tampouco de desconhecer a importância de lutar contra o antissemitismo. Mas o que está também em jogo é identificar características que devem ser mudadas não para agradar ao outro, mas para agir em relação a aspectos que limitam a capacidade do judaísmo de avançar no processo de integrar valores humanistas e humanizar a condição judia. Inclusive para superar a tendência a ver-se em demasia através do olhar do não judeu.

Isso leva à necessidade de enfrentar o *antigoysmo* ou *goyfobia* que, em maior ou menor proporção, existe entre os judeus e que foi gerado e reforçado pela longa história de perseguição. O argumento de que o antijudaísmo levou a massacres e o *antigoysmo* é inócuo é, do ângulo em que estou discutindo o assunto, irrelevante. Para transformar o mundo o humanismo deve ser cultivado tanto pelos grupos dominantes como pelos dominados.

O judaísmo do século XXI deverá realizar um esforço de autoanálise e autotransformação de suas relações com os *goym*. Os mandamentos da Bíblia, radicalizados pela interpretação talmúdica, tinham como uma de suas funções separar judeus de não judeus. Essa separação, como em todas as culturas pré-modernas, estava associada a uma valorização da própria cultura e à desvalorização da estrangeira (cristãos e pagãos, fiéis e infiéis, romanos e bárbaros), e continuou na modernidade, muitas vezes a serviço de ideologias colonialistas e racistas, contaminando inclusive os grupos vitimizados.

O judaísmo rabínico tradicional terminou fechando o mundo judeu em si mesmo, passando a predominar as interpretações que separam e opõem judeus e não judeus (no judaísmo ultraortodoxo, por exemplo, o descanso sabático só pode ser quebrado para salvar uma vida judia, não a de um *goy*). A Bíblia conta que Deus criou a humanidade, não os judeus, à sua imagem. Nela aparece permanentemente o mandamento de respeito ao "estrangeiro que mora na tua terra", inclusive que seja amado como a si mesmo. No Talmude convivem uma atitude excludente e momentos de abertura ao mundo não judeu. Assim, por exemplo, o Talmude identifica sete mandamentos nohaicos, que teriam sido entregues a Noé depois do dilúvio (e que não aparecem na Bíblia): proibição da idolatria, do assassinato, do roubo, da promiscuidade, da blasfêmia, de comer carne de animal ainda vivo, e a observação de leis justas. Estes mandamentos seriam aplicáveis a todos os povos, e seus seguidores seriam *goym* justos e com direito a participar do mundo a vir. Como mencionamos anteriormente, os habitantes de Israel que seguem as leis nohaicas eram vistos como parte da comunidade e seus filhos, como judeus potenciais. Essa abertura do Talmude foi em grande medida abandonada, inclusive pelas proibições de proselitismo impostas pelo islamismo e o cristianismo.

A contraposição com os *goym* fundada na tradição religiosa assumiu formas dramáticas nos séculos de perseguições e levou, até tempos recentes, a um sentimento básico de que todo *goy* era um antissemita em potencial. A relação do judeu com o *goy* incluía, e por vezes ainda inclui, uma mistura de medo, desconfiança, ressentimento. Em certos contextos culturais os judeus tinham um desprezo pelas formas de vida não judia, fortalecido pelo fato de que, até tempos recentes, a

ANTISSEMITISMO E AS RELAÇÕES YDN E GOYM

maioria dos judeus na Europa Oriental e no mundo muçulmano se relacionava fundamentalmente com *goym* dos setores populares, brutalizados pelas condições de penúria e baixos níveis de educação, que reforçavam os preconceitos. À medida que os judeus foram ascendendo socialmente e convivendo com outros setores sociais de nível cultural similar, esse sentimento foi se desvanecendo.

As relações preconceituosas que às vezes os judeus têm com os *goym* são um tema tabu na educação judaica. Não deveria ser assim. Projetar uma visão desumana do *goy* desumaniza e enfraquece o judeu. Quando confrontado com situações de preconceito, em lugar de estabelecer um diálogo, fecha-se automaticamente na posição de vítima. Se entendermos nossos próprios preconceitos, seremos mais capazes de dialogar e educar os outros para mudarem. Parafraseando Sartre, trata-se não tanto da existência de uma tendência a desvalorizar ou não o *goy*, mas de lutar contra essa tendência, arraigada em 2 mil anos de história.

O Futuro do Judaísmo

As últimas décadas da metade do século XX foram extremamente favoráveis para os judeus e para o judaísmo. O antissemitismo como política de Estado desapareceu das sociedades onde vivem a maioria dos judeus. Em geral eles se concentram nas classes médias e ocupam posições de destaque nas diversas esferas sociais. Infelizmente, o passado não pode ser projetado linearmente. Se podemos ter alguma certeza sobre o futuro, além de que ele é imprevisível, é que ele nunca é pura repetição do passado ou simples continuação do presente.

O contexto que permitiu o sucesso (e os dramas) dos judeus e do judaísmo nos tempos modernos está mudando rapidamente. Que contexto foi esse? A concentração da maior parte dos judeus primeiro na Europa e depois nos Estados Unidos, regiões que comandaram a revolução econômica, política, cultural e tecnológica do mundo moderno. A chamada contribuição judia para o desenvolvimento da cultura moderna está diretamente associada às possibilidades que as sociedades modernas abriram para os judeus.

No século XXI, o eixo do poder econômico e militar, lenta, mas inexoravelmente, está se transferindo para a Ásia. Tanto a Europa como os Estados Unidos estão perdendo seu peso relativo no sistema econômico mundial.

Como indicamos, mais de 80% dos judeus do mundo vivem nos Estados Unidos e em Israel. O restante se localiza majoritariamente na Europa. Isso estabelece vários desafios ao futuro dos judeus e do judaísmo. A relativa decadência dos Estados Unidos e da Europa e a transferência paulatina do eixo dinâmico da economia mundial para a Ásia implicará que os judeus se encontrarão cada vez mais na periferia do sistema internacional.

O novo contexto internacional poderá gerar novos conflitos de poder revestidos de guerras culturais. A relativa marginalização do Ocidente afetará a dinâmica cultural e política dos atuais países avançados. Certamente esse processo redefinará a visão do Ocidente sobre si mesmo, assim como o lugar dos judeus dentro dele.

As consequências dessa mudança para o Estado de Israel serão dramáticas. A aliança estratégica com os Estados Unidos, que asseguraram nas últimas décadas sua segurança, possui pernas curtas: o tempo de permanência dos Estados Unidos como potência hegemônica. O futuro de Israel depende da paz e da integração no Oriente Médio.

O tema central que se apresenta para o judaísmo não é se o mundo mudará, mas como enfrentar essas mudanças. A visão estreita, que supõe que as únicas alternativas para permanecer judeu seriam viver em Israel ou ser um judeu ortodoxo na diáspora, é ainda dominante em muitas instituições comunitárias. Ela poderá se transformar numa profecia que se autorrealiza, na medida em que o diagnóstico afeta as condutas e se transforma em realidade. Se, pelo contrário, o judaísmo apostar numa visão pluralista, as suas chances de sucesso serão muito maiores. A ideia de que os judeus podem substituir seu pequeno número com qualidade é ilusória. Demografia conta.

Para alguns judeus seculares, os ultraortodoxos produzem rejeição, para outros, o sentimento de que eles são a mais au-

O FUTURO DO JUDAÍSMO

têntica expressão do judaísmo. A primeira reação é compreensível na medida em que a ultraortodoxia e certos grupos ortodoxos veiculam valores que ferem a consciência moral de uma pessoa moderna, e a segunda, igualmente compreensível, pois muitos judeus se sentem inseguros em relação à própria capacidade de manter o judaísmo. Mas ambos estão errados, pois, no primeiro caso, desconsidera-se a contribuição específica que eles têm para o judaísmo e, no segundo, porque se considera que no passado se encontram todas as respostas para o tempo presente. O atual auge relativo da ortodoxia reflete sem dúvida fatores sociológicos. A busca de raízes por parte de uma geração que perdeu toda referência existencial mais profunda com a tradição judaica faz parecer autêntico aquilo que tem uma aparência externa de "diferente". O desconhecimento da própria tradição, na sociedade de espetáculo em que vivemos, leva a supor que um judeu vestido com roupa exótica nos moldes da Europa Oriental e falando uma língua derivada do alemão, o iídiche, seja representante de um judaísmo mais autêntico.

A interpenetração cultural da sociedade contemporânea produz um medo profundo de dissolução de fronteiras. Para muitos judeus seculares, a expansão das formas de celebrar o judaísmo para estilos distantes de suas lembranças de infância por vezes os leva a sinagogas ortodoxas, apesar de elas não expressarem seus valores. Alguns setores de judeus seculares, preocupados com o futuro do judaísmo, consideram que a ortodoxia é uma garantia de continuidade do judaísmo, apesar de discordarem dela. Ledo engano. Pode ser que o judaísmo ortodoxo apresente mecanismos seguros de reprodução. Mas será a reprodução de uma seita, não do judaísmo como uma tradição viva em diálogo com seu tempo.

O judaísmo excludente continuará existindo em Israel e na diáspora, mas a maioria dos judeus não abre mão de uma identidade judaica que inclua os valores da modernidade. O judaísmo se individualizou, e essa individualização afeta inclusive o próprio judaísmo ortodoxo e ultraortodoxo. Muitos dos que sentem afinidade com a ortodoxia desenvolvem sua versão pessoal de judaísmo, cumprindo certos mandamentos talmúdicos e não outros. Um novo judaísmo inclusivo e sem medo do proselitismo representa a única alternativa para a sobrevivência do judaísmo. Uma das tragédias da herança das perseguições medievais foi a transformação da necessidade em virtude, levando à interiorização da proibição da Igreja católica e do Islã de fazer proselitismo como algo positivo. O gueto físico criou uma mentalidade de gueto. Mas isso está mudando. A valorização da cabala como produto que atrai um amplo público não judeu de consumidores de produtos esotéricos é um exemplo da criação de outros espaços culturais e uma periferia não judia que se aproxima do judaísmo. Essa tendência à abertura encontra ainda graus variados de oposição dentro das instituições judias dominantes, mas terminará se impondo. E abre novas possibilidades e desafios ao judaísmo secular.

O futuro do judaísmo secular

A maioria dos judeus é secular, se entendemos como seculares os judeus que se definem como tais em função de laços humanos e culturais sem referência a crenças religiosas. No mundo contemporâneo, o que define o judaísmo dos judeus seculares não é uma ideologia precisa, mas sentimentos, e sentimentos pela sua própria natureza são instáveis. Enquanto o judaísmo moderno, ainda que dividido, mantinha no interior de cada corrente uma grande capacidade de ação coletiva, na sociedade contemporânea, o caráter difuso, *ad hoc*, da vida judaica secular limita as possibilidades de cristalização de orientações coletivas e formação de comunidades. Isso faz com que os judeus seculares, embora majoritários em Israel e na diáspora, sejam particularmente frágeis quanto à institucionalização de seu judaísmo e uma voz pouco expressiva nas instituições comunitárias. Paradoxalmente, muitas vezes são judeus seculares os que se encontram à frente das instituições judias, mas não assumem posições seculares. O caso mais paradigmático é Edgar Bronfman, que por trinta anos presidiu o Congresso Judeu Mundial. Somente depois de abandonar sua posição escreveu um livro assumindo posições explicitamente seculares, aberto aos casamentos mistos e crítico do fechamento do judaísmo institucionalizado e de sua obsessão com o antissemitismo.

Em geral, a intelectualidade judia secular se encontra afastada da vida ativa das instituições judaicas, que aparecem como conservadoras, quando não reacionárias. Boa parte das instituições comunitárias não está interessada em dar voz aos judeus seculares, embora lembre permanentemente o número de intelectuais judeus famosos, majoritariamente seculares. As ideologias que no século XX permitiam dar expressão ao sentimento do judeu secular entraram em crise. Os dois pilares sobre os quais se construiu o judaísmo humanista não religioso foram o socialismo e o sionismo, promovendo, ambos, uma visão renovada da história judia, dando continuidade aos valores de solidariedade e justiça social. Não é preciso comentar a crise do socialismo, e, no que se refere ao sionismo, ele realizou seu sonho e perdeu a força aglutinadora que teve antes da criação do Estado de Israel e nas suas primeiras décadas.

No século XX, os judeus seculares estiveram intimamente ligados a uma visão histórica do povo judeu e à elaboração da esperança messiânica como utopia terrena. Ambos os pilares estão em crise. Vivemos num período de descrédito da ideia do progresso e de temor e incerteza sobre os ventos da história, e o messianismo secular recuou, com a desintegração das grandes ideologias políticas. Hoje, as novas gerações não encontram um sentido particular, seja na história em geral, seja na história judia em particular. Em lugar de História com maiúscula, cada um se refugia na subjetividade e procura construir sua própria narrativa pessoal. Mas a busca narcisista da felicidade individual sem preocupação com a coletividade é uma quimera. A destruição dos laços sociais produz um inferno coletivo.

O judaísmo secular do século XX foi um exercício de substituição do sagrado, representado pela crença na fusão do povo judeu com Deus, pela santificação do povo na forma de um projeto político de nação ou de ética social universal. Na

O FUTURO DO JUDAÍSMO SECULAR

perspectiva desse início do século XXI, ambos os projetos se mostraram um sucesso e um fracasso. Foram um sucesso histórico porque tiveram um impacto definitivo na sociedade contemporânea, seja criando o Estado de Israel, seja contribuindo para consolidar valores de justiça social como parte do programa das sociedades democráticas. Mas fracassaram na medida em que as transformações culturais e sociais iluminaram suas fraquezas: a não valorização do indivíduo, tanto nos seus dramas subjetivos como na necessidade de manter elos com o passado.

Em suma, o tripé da modernidade — razão, história e política —, que motivou gerações a enfrentar e transformar a tradição talmúdica, entrou em crise. O vazio existencial levou alguns a procurar na ultraortodoxia respostas e certezas para um mundo que parece desprovido de sentido. A maioria dos judeus, porém, não deixou de acreditar e apostar nos grandes valores da modernidade, na possibilidade de que a humanidade caminhe em direção a uma convivência mais pacífica e justiça social. Mas se encontra órfã de projetos coletivos.

As diversas correntes seculares propunham uma fusão entre indivíduo e coletivo que hoje não é mais atual. No mundo contemporâneo, em lugar de fusão temos pontes, elos frágeis que servem de apoio ao indivíduo para encontrar um sentido no mundo. Porque, se o indivíduo é o sujeito sobre o qual se constrói a sociabilidade contemporânea, ele só se sustenta graças à identificação com valores coletivos, sem por isso abdicar da liberdade e da capacidade de reflexão crítica. O individualismo exacerbado gera a ilusão de que o indivíduo é autossuficiente. Nunca o é. Ele precisa de objetos de afeto, apoio e transcendência. O judaísmo humanista tem todas as condições para ser um desses suportes, oferecendo formas de identificação não opressivas com a tradição e a comunidade. Pode ser um instrumento de relacionamento com o passado, inclusive com a memória dos pais e avós, sem que esse passado domine o presente. Pode criar elos com a tradição, permanecendo aberto aos ares do mundo. Manter laços particulares de solidariedade, sem perder a sensibilidade diante do sofrimento de todos os seres humanos.

O novo judaísmo secular, sem esquecer as dimensões coletivas, deverá ser também capaz de falar ao indivíduo, a seus dramas subjetivos e existenciais, contendo elementos de autoajuda e de celebração da própria identidade, sem cair num etnocentrismo alterofóbico ou em uma autocomplacência narcisista.

A memória é fundamental para nosso senso de identidade. Mas não pode ser opressiva. Nossa memória deve estar de acordo com a identidade que queremos construir. Toda memória coletiva é sempre uma construção a serviço de uma identidade. Quando aceitamos determinada versão da memória coletiva, estamos aceitando simultaneamente a identidade que ela baliza. Não que possamos construir versões aleatórias de nosso passado. De alguma forma elas se alimentarão das versões anteriores. Mas a memória coletiva é sempre maleável e inovadora, como indica a passagem do mundo bíblico para o talmúdico, e posteriormente para as formas modernas de judaísmo.

A maioria dos judeus seculares são hoje indivíduos isolados, cheios de dúvidas, o que gera sentimentos instáveis sobre o sentido de ser judeu. Por mais que o judeu secular valorize sua individualidade e o direito a ter sua versão de judaísmo, seu crescimento e fortalecimento exigem formas coletivas de expressão.

O que pode funcionar como um aglutinador e estabilizador da identidade judaica secular? Novas narrativas e, em particular, práticas que permitam inserir a subjetividade pessoal num judaísmo que tenha como referência uma cultura acumulada em três milênios, sem reproduzir os conteúdos xenofóbicos e alienantes das categorias de pureza e impureza, de povo escolhido, de proteção divina.

O FUTURO DO JUDAÍSMO SECULAR

O judaísmo secular é geralmente agnóstico ou ateu, enraizado na cultura racionalista, humanista e científica de nosso tempo. Trata-se de um excelente antídoto contra o irracionalismo, o dogmatismo e o autoritarismo. Mas devemos reconhecer que o racionalismo tem capacidade limitada de preencher as necessidades emocionais que ligam as pessoas e os grupos. A procura de sentido e a criação de laços sociais inclui dimensões que se encontram fora da esfera da racionalidade, pois ela inclui ritos, cerimônias e espaços de convivência onde as pessoas possam compartir sentimentos coletivos.

Já faz quase um século que o grande filósofo Martin Buber chamou a atenção para a diferença entre religião e religiosidade. Enquanto a primeira se refere às dimensões institucionalizadas da vida religiosa, a segunda expressa a procura pessoal por transcendência. Para Martin Buber, a religião pode estar desprovida de religiosidade, assim como a religiosidade não precisa de instituições religiosas para se expressar — não é casual que Buber não fosse um assíduo frequentador de sinagoga. Sentimento similar foi expresso por Albert Einstein: "É precisamente entre os heréticos de cada época que encontramos pessoas que estão imbuídas com esse tipo de mais alto sentido de sentimento religioso e que muitas vezes são vistos pelos seus contemporâneos como ateus, e às vezes também como santos."

Essa distinção é fundamental, pois ela funda a possibilidade de uma visão humanista da religião, que já estava presente nas grandes tradições místicas: a experiência espiritual é um caminho pessoal, e não pode ser confundida com ritos nem transferida a um poder externo ou instituições formais. A procura de um sentido transcendental ou espiritual da vida é sempre uma trajetória construída pessoalmente, que não pode ser transformada em verdades impostas aos outros.

O sagrado, inclusive em sociedades individualizadas e democráticas, não deixou de existir. Que sagrado é esse? É aquilo pelo qual se for preciso se está disposto a lutar com risco de morrer, pois sem ele a vida não tem sentido. Ou, visto de forma positiva, é aquilo que nos dá força vital e um sentido mais profundo a nossas vidas. A tragédia do sagrado é que ele facilmente pode converter-se no seu contrário, o fanatismo, que nos fecha ao mundo e nos retira a capacidade de respeitar o sagrado do outro, inclusive a ponto de nos dispormos a eliminá-lo para que ele não nos incomode, mostrando que outros mundos da vida são possíveis. No mundo moderno, para que o sagrado seja possível, é fundamental o respeito à liberdade individual, à possibilidade de cada um ter suas crenças sem impô-las aos outros.

Portanto, o judaísmo secular não pode se reduzir aos valores racionalistas e universalistas. Ele deve ajudar a construir respostas aos dramas subjetivos do indivíduo do século XXI. Deve produzir novos *drashot* (interpretações) do judaísmo que deem lugar a novas práticas comunitárias. Querer fazer tábula rasa do passado é uma missão impossível e autodestrutiva, e o sentimento de judeidade do judeu secular é sempre expressão de uma vontade de dar continuidade a uma memória coletiva. Nesse sentido, todo judeu secular é tradicionalista. A questão é o sentido que se dá a essa tradição.

Para alguns, o judaísmo secular pode significar dar um formato diferente a algumas cerimônias, o que é bem-vindo e necessário, mas certamente o judaísmo secular não pode se transformar numa nova teologia. Os judeus seculares não devem ter medo de absorver elementos culturais do passado, de acordo com afinidades individuais, sem que eles impliquem um sentido literal. Quem faz a circuncisão nos seus filhos ou a cerimônia do *bar/bat mitzvot* geralmente o faz como uma forma de afirmar uma tradição, e não porque acredite que se

O FUTURO DO JUDAÍSMO SECULAR

trata de um mandamento divino, ou que aos 13 anos (ou aos 12 anos, as meninas) os filhos realmente são responsáveis pelos seus atos. Da mesma forma, quem reza a oração do *Kadish Iatom* no enterro ou aniversário de falecimento de um ser querido, em geral, não o faz porque acredita no seu conteúdo (supondo que saiba de que se trata, basicamente um hino de louvor a Deus), mas porque ele foi recitado por seus pais, avós, bisavós, e assim por diante. É uma forma de fazer contato com uma tradição, como pode ser recitar, numa cerimônia, o *Shma Israel* (oração que diz "Ouve Israel, Deus é nosso Deus, Deus é um"). São rituais que permitem uma conexão com o passado e com uma coletividade de memória.

Ao mesmo tempo, trata-se de superar frontal e abertamente as categorias de puro/impuro no tratamento dos indivíduos e grupos. Esses elementos, presentes na Bíblia e no Talmude, representam uma ofensa à sensibilidade humanista, que santifica o indivíduo e a vida, nunca identidades coletivas.

Isso não exclui o problema da definição de quem é judeu, a partir de um ponto de vista institucional. Todo grupo organizado define barreiras de entrada na forma de ritos de passagem. O judaísmo talmúdico resolveu o problema, reduzindo-o a um destino biológico ou à aceitação de seus ritos de conversão. A visão de um judaísmo com fronteiras claras dadas pela matrilinearidade, embora desagrade a boa parte dos judeus seculares, produz um sentimento de segurança. Existe o medo de implosão do "clube". Se as regras de entrada existentes são ruins, elas asseguram a manutenção da ordem conhecida. Mas querer manter os ganhos secundários produzidos pelas regras de inclusão/exclusão talmúdica implica um custo alto demais, pois as garantias de segurança que elas dão exigem penhorar interesses fundamentais e sacrificar valores humanistas.

Cada clube tem suas regras de entrada — e os velhos sócios têm dificuldade de aceitar novos critérios. Mas o judaísmo contemporâneo é um amplo campo cultural, com fronteiras porosas, e é bom que assim seja. Um rabino do movimento conservador, Wertheimer, anunciou uma década atrás que a decisão da corrente reformista de aceitar a patrilinearidade dividiria o judaísmo. Afirmação que se mostrou errônea. Para permanecer unido, o judaísmo deverá aceitar o mínimo e não o máximo denominador comum.

Se o judaísmo se abre ao mundo, quem definirá quem é judeu e quem não é? Como sabemos se alguém é ou não parte do "clube"? Acredito que se trata de um falso problema, certamente na diáspora, onde não se distribui carteira de identidade ou passaporte identificando alguém como judeu com direitos de cidadania.

A atitude negativa em relação ao proselitismo é produto de uma imposição exterior (a proibição do clero católico e muçulmano) transformada em virtude. Sofremos do medo de sermos invadidos, como se a humanidade desejasse se converter ao judaísmo. Não há risco de invasões massivas de pessoas que queriam se definir como judias. O judaísmo excludente não garantirá o futuro do judaísmo, garantirá apenas a exclusão crescente dos judeus do judaísmo.

O judaísmo secular deve assumir frontalmente a separação entre ser judeu como fato biológico e como opção cultural. O judaísmo talmúdico transformou o corpo do judeu em puro e o do não judeu em impuro. Quaisquer que tenham sido as justificativas no passado, elas são inaceitáveis em uma perspectiva moderna.

A questão da conversão se coloca de forma diferente em Israel e na diáspora. Em Israel, ela define o direito à cidadania, mobilizando interesses econômicos e políticos que não existem na diáspora. O interesse de expansão demográfica do

O FUTURO DO JUDAÍSMO SECULAR

Estado de Israel o tem levado à pratica de uma política de aceitação extremamente ampla de imigrantes. O problema, como temos visto, é que o imigrante posteriormente tem problemas por causa do controle legal pelos religiosos ultraortodoxos que definem a nacionalidade que deve aparecer na carteira de identidade. A solução em discussão em Israel passa pela definição de quem é judeu e pela retirada do monopólio dessa decisão das mãos da ortodoxia religiosa com a criação de processos seculares de judaização.

Na diáspora o judaísmo humanista deverá expandir os ritos de judaização que não impliquem declaração de crença religiosa. Assim, serão institucionalmente judeus aqueles que se identificam com o judaísmo, seja por nascimento, de pai ou mãe judia, sejam não judeus que decidiram se casar com judeus e construir para os filhos uma família judia. Serão sem distinção "naturalmente" judeus descendentes daqueles que em algum momento do passado foram convertidos pela força e hoje reivindicam a identidade judia.

Essa visão, que está se impondo pela força dos fatos, mobiliza a insegurança de muitos, como em todo clube fechado ao mundo exterior, cioso de limitar o número de seus membros com direito a reivindicar ser parte da mesma tribo de Einstein e Freud. Viver como clube exclusivo é cômodo, mas o preço é a extinção demográfica e o empobrecimento cultural do povo judeu.

Toda abertura implica desafios e poderá redefinir o judaísmo tal como o conhecemos. Só que essa redefinição já se acha em curso, um judaísmo com múltiplas faces e interfaces com o mundo, um espaço cultural mais que um destino biológico, ao qual se está ligado por nascimento, embora o nascimento numa família de mãe ou pai judeus siga desempenhando um papel central, como em todas as identidades étnicas.

JUDAÍSMO PARA TODOS

O problema prático do judaísmo secular é expandir formas de organização coletiva, muitas das quais poderão ser feitas em conjunto com judeus religiosos humanistas, outras separadas, como sinagogas seculares, centros culturais, escolas, cursos ou *yeshivot* (centros de estudos judaicos) seculares. Sem essas organizações, os judeus seculares continuarão reféns das diversas correntes de judaísmo religioso para elaborar ritos de passagem (nascimentos, *bar/bat-mitzvot*, enterros, conversões, festividades e comemorações). Existem hoje, no mundo, iniciativas extremamente criativas, como o grupo YOK, em Buenos Aires, o Centro Itzhak Rabin, em Bruxelas, o colégio Meitar e a *yeshiva* secular Bina, em Israel, a Federação Internacional de Judeus Seculares e Humanistas, as sinagogas seculares fundadas pelo rabino Sherwin Wine, revistas como *Yahadut Chofshit* e *Contemplate* e o número crescente de rabinos seculares.

Um novo *drash* (interpretação) da tradição judaica apresenta enormes possibilidades de criatividade e renovação, parte das quais inclusive está sendo feita por rabinos reformistas e conservadores, mas que estão limitados pelo marco institucional. Tomemos por exemplo o *Yom Kipur*, dia do perdão. Nele pede-se desculpa a Deus pelos atos errados cometidos. A ideia de pedir que Deus nos perdoe e que nos inscreva no "livro da vida" é infantil e imoral. Infantil porque transferimos a uma força superior, a um pai poderoso, o poder de absolvição e a responsabilidade última por nossos atos. Imoral porque supomos, como na confissão católica, que o mal cometido pode ser periodicamente apagado por um ato divino e não por nossa ação reparadora. O *Yom Kipur* pode ser ressignificado num sentido de reorientação de nossas ações em relações aos outros e a nós mesmos. Pois o principal personagem a ser perdoado em geral somos nós mesmos, pelos sofrimentos que nos inflingimos e pela culpa desnecessária que carregamos, inclusive a de viver em um mundo com tanta injustiça e tanto sofrimento.

O FUTURO DO JUDAÍSMO SECULAR

Igualmente, novas visões do que seja *kasher* (puro) e *treif* (impuro), ou de *mitzva* (mandamento), podem recriar esses termos para nos referirmos a condutas que nos pareçam eticamente corretas ou não. De fato, esse tipo de significado é predominante no seu uso popular, onde a *mitzva* se refere a uma boa ação, produto da iniciativa pessoal e não um mandamento ou ordem divina, e *treif* a algo errado ou ilegal.

O judaísmo secular deverá aprender a celebrar a condição judaica como fonte de alegria, embora nunca deixe de conter memórias de perseguição e sofrimento, e deverá incluir elementos de autoajuda e de celebração da própria identidade, sem cair num narcisismo egoísta e no etnocentrismo alterofóbico. As novas formas de celebrar o judaísmo se orientam crescentemente, em todas as suas tendências, no sentido de ajudar as pessoas a se sentirem orgulhosas de seu judaísmo (*jew is jewcy*), de valorizar a alegria e o humor, de procurar no passado sabedoria para os tempos incertos.

Embora centrada nas necessidades subjetivas individuais, a solidariedade diante das perseguições a judeus continuará a ser um dos cimentos da identidade judia. Mas o antissemitismo não pode continuar sendo apresentado como um destino inelutável, nem ser associado, implícita ou explicitamente, a um discurso/sentimento que separa de forma visceral o judeu do não judeu. Igualmente, a identificação com o destino do Estado de Israel continuará sendo um dos pilares da maioria dos judeus seculares, mas isso não implica o apoio cego a seus governos. Os judeus seculares podem ter um papel importante em colaborar com os movimentos pela paz em Israel, inclusive criticando abertamente a política externa e o apoio incondicional dado por líderes comunitários à política oficial dos governos israelenses.

O judaísmo secular pós-moderno deverá ser capaz de valorizar a positividade da diáspora e de manter a memória do

Holocausto, sem que ela se sustente na paranoia e na psicologia do sobrevivente; de relacionar-se à tradição rabínica sem submeter-se a valores e práticas anacrônicos; de justificar a vontade de continuidade pela afirmação de suas tradições próprias e não pelo fantasma do antissemitismo; de elaborar a diferença de forma não xenofóba; de conjugar destino e liberdade, renovação e tradição. Decidir viver o judaísmo humanista é uma aventura individual e coletiva, sem garantias dadas por Deus.

Como e quando os judeus seculares voltarão a produzir amplos movimentos sociais capazes de renovar o judaísmo? As primeiras gerações de judeus seculares se construíram como uma reação aos pais, que tinham como referência um judaísmo ortodoxo, com valores rígidos que não respondiam aos desafios e às expectativas do mundo moderno. Uma boa parte dos jovens judeus seculares na atualidade não tem nenhuma referência clara do judaísmo a partir ou contra a qual definir objetivos.

O processo de reconstrução do judaísmo secular e humanista não será obra de intelectuais individuais. No melhor dos casos, sua contribuição será ajudar a quebrar os dogmas e as camisas de força que foram relevantes para o judaísmo secular no século XX, mas que hoje são barreiras para seu desenvolvimento. O novo judaísmo secular será uma resposta das novas gerações, com propostas adequadas às suas realidades. A geração que está saindo de cena tem a responsabilidade de apoiar e facilitar essa transição, pois se não temos um modelo claro para oferecer, podemos transmitir uma certa experiência e conhecimento, reconhecendo que cada geração é responsável pelo que faz com sua herança.

Glossário de termos em hebraico

- *Am haaretz:* Pessoas incultas, simples. Literalmente "povo da terra".
- *Apikoires:* Judeus simpatizantes da filosofia grega, literalmente seguidores do filósofo Epicuro.
- *Asmachta:* Fragmentos do texto bíblico utilizados para apoiar uma interpretação rabínica.
- *Asquenazi:* Os judeus originários da Europa Central e Oriental.
- *Beit Kneset:* Sinagoga, literalmente "casa de reunião".
- *Beit Midrash:* Local de estudos, literalmente "casa de interpretação".
- *Caraítas:* Grupo judeu originado na Mesopotâmia, entre os séculos VII e IX d.C., que rejeita o caráter sagrado do Talmude.
- *Charedim:* Judeus ultraortodoxos, literalmente "tementes de Deus".
- *Cherem:* Decisão de corte rabínica pela qual o membro da comunidade é banido e proibido de manter contato com outros judeus.
- *Chutzpa:* Característica de não se submeter à ordem social e às hierarquias preestabelecidas; impertinência, insolência, cara de pau.

JUDAÍSMO PARA TODOS

- *Dina d'malchuta dina:* Princípio talmúdico segundo o qual "a lei do reino é a lei".
- *Drash:* Interpretação.
- *Elohim:* Deuses no plural.
- *Galut:* Exílio.
- *Goym:* Não judeus, assim denominados no Talmude, embora na versão bíblica *goym* se refira genericamente a todos os povos, inclusive o judeu. *Goy* no singular.
- *Guemara:* Conjunto de interpretações rabínicas canônicas realizadas a partir da Mishna.
- *Guerim:* Pessoas que vivem no entorno judaico, geralmente seguindo os valores e costumes do judaísmo.
- *Halacha:* O conjunto de leis e práticas religiosas que devem ser seguidas segundo a tradição rabínica-talmúdica.
- *Hanuca:* Comemora a liberação do templo como produto da revolta dos macabeus contra o reino helênico dos Seleucidas.
- *Hanukia:* Candelabro de oito braços utilizado na festa *Hanuca*.
- *Iídiche:* Língua derivada do germânico, com grande número de expressões de outros países da Europa Oriental e do hebreu, usando na escrita as letras hebraicas. O iídiche era a língua franca da quase totalidade dos judeus da Europa Oriental.
- *Kadish Iatom:* Oração pela memória dos mortos.
- *Kasher:* Puro.
- *Kavanah:* Intenção.
- *Ketuvim:* Escritos (última seção da Bíblia).
- *Kol Nidrei:* Oração com a qual se inicia o Yom Kipur, o dia do perdão.
- *Mi-de-rabbanam:* Interpretações elaboradas pelos rabinos sem sustentação no texto bíblico.
- *Midrash hagada:* Interpretações narrativas, anedotas.
- *Midrash halacha:* Interpretações relativas aos mandamentos.

GLOSSÁRIO

- *Minhagim:* Costumes.
- *Miniam:* Exigência da presença de dez judeus para orar em conjunto e realizar várias cerimônias religiosas.
- *Mishna:* Primeiro conjunto de interpretações rabínicas da Bíblia, constituído de seis volumes.
- *Mishna Torah:* Compêndio das leis rabínicas realizado por Maimônides, que continua sendo uma referência até os dias de hoje.
- *Mitzva:* Mandamento divino (*mitzvot,* no plural).
- *Mizrahim:* Judeus provenientes do mundo árabe.
- *Nevihim:* Profetas.
- *Noahicos (Mandamentos):* Resultado da aliança que Deus fez com *Noah* (Noé) e a humanidade, na qual Ele se compromete a não destruir mais os seres vivos, exigindo como contrapartida o cumprimento de mandamentos que incluem a proibição de matar.
- *Or lagoim:* Luz para os povos.
- *PaRDeS:* Sigla de Pshat (o texto simples), Remez (o que o texto dá a entender), Drash (procura ou interpretação), e Sod (secreto, a dimensão mística), que forma a palavra Pardes, que significa "pomar".
- *Pirkei Avot:* Título do livro incluído na *Mishna,* literalmente "capítulos dos pais", mas geralmente traduzido como "ética dos pais".
- *Pshat:* Simples, sentido literal.
- *Purim:* Festa que comemora a intervenção da rainha Esther junto ao rei persa Assuero para cancelar o edito do primeiro ministro Haman que pretendia eliminar todos os judeus do reino.
- *Remez:* O que o texto dá a entender.
- *Rosh Hashana:* Ano-novo.
- *Sanhedrin:* Assembleia de sacerdotes e sábios com poderes legislativos e judiciais que funcionou durante o período greco-romano.

- *Sefarditas:* As comunidades judias do mundo islâmico, inclusive aqueles que viviam na Espanha cristã até a expulsão dos judeus em 1492.
- *Shabat:* Sábado. Dia de descanso semanal.
- *Shma Israel:* Oração que diz "Ouve Israel, Deus é nosso Deus, Deus é um".
- *Shulchan Aruch:* Codificação de leis rabínicas elaborada por Josef Caro no século XVI, considerada a principal codificação de referência em questões de *Halacha.*
- *Sod:* A dimensão secreta, mística, do texto bíblico.
- *Talmude:* O conjunto formado pela *Mishna* e pelo *Guemara.*
- *TaNaCh:* A Bíblia, formada por três conjuntos de livros: Torah — Pentateuco; Nevihim — Profetas; e Ketuvim — Escritos.
- *Tfutzot:* Diáspora.
- *Torá:* Pentateuco.
- *Torah she ve al pe:* A Torah oral, isto é, as interpretações do texto bíblico.
- *Torah she ve ktav:* A Torah escrita, o Pentateuco, em particular, e a Bíblia, em geral.
- *Treif:* Impuro.
- *Yd:* A autodenominação do judeu, no singular, em iídiche. *Ydn,* no plural.
- *Yeshivot:* Centros de estudos religiosos avançados e de formação rabínica.
- *Yom Kipur:* Dia do perdão, a celebração mais sagrada do ano.

PARA SABER MAIS

A bibliografia disponível em português sobre história e cultura judaica, a partir de uma perspectiva acadêmica, é bastante limitada. Infelizmente nenhuma das grandes obras gerais dos principais historiadores (Graetz, Dubnow, Baron) se encontram disponível em português. Para uma introdução geral à história judaica, pode-se consultar: Paul Johnson, *História dos judeus*, Rio de Janeiro, Imago, 1995; Cecil Roth, *Pequena história do povo judeu*, São Paulo, Fundação Fritz Pinkus, 1964; e Moacyr Scliar, *Judaísmo-dispersão e unidade*, São Paulo, Ática, 1994.

Sobre o período bíblico: Yehezkel Kaufmann, *A religião de Israel*, São Paulo, Perspectiva, 1989.

Para o período greco-romano: David Flusser, *Judaísmo e as origens do cristianismo*, 3 volumes, Rio de Janeiro, Imago, 2002.

Sobre as relações entre cabala, o messianismo de Shabetai Tzvi, o chassidismo, ver Gershom Sholem, *As grandes correntes da mística judaica*, São Paulo, Perspectiva, 1995.

Sobre o período moderno, pode ser consultada uma recompilação de alguns artigos de um dos maiores historiadores judeus do século XX, Salo W. Baron, *História e historiografia do povo judeu*, São Paulo, Perspectiva, 1974.

Sobre as relações entre judaísmo e o Estado de Israel, Bila Sorj e Guila Flint, *Terra em transe*, Rio de Janeiro, Record, 2000.

Livros com recompilações de textos originais:

Bernardo Sorj e Monica Grin (orgs.), *Judaísmo e modernidade*, Rio de Janeiro, Imago, 1993.

Jacó Guinsburg (org.), *Do estudo e da oração*, 1968, e O *judeu e a modernidade*, 1970, ambos editados pela editora Perspectiva, de São Paulo.

Existe uma *Enciclopédia judaica*, publicada pela Koogan, com edição esgotada, que pode ser encontrada em sebos.

NA INTERNET

A melhor fonte de informação sobre judaísmo disponível para acesso livre na internet é a *Jewish Encyclopedia*, de 1906: www.jewishencyclopedia.com/

Possivelmente o *site* mais completo com *links* para artigos sobre história judia é *The Jewish History Resource Center*, do Dinur Center for Research in Jewish History: www.dinur.org

Em português não existe nenhum *site* com informação sistemática sobre a cultura e a história judaica. Os principais *sites* disponíveis estão ligados a diferentes correntes religiosas:

Corrente conservadora: www.cjb.org.br

Corrente reformista: www.arirj.com.br/ e www.cipsp.org.br

Corrente ultraortodoxa (Lubavitch): www.beitlubavitch.org.br/

PARA SABER MAIS

Alguns *sites* internacionais sobre judaísmo humanista na Internet:

Argentina:
www.yoktime.com/videos.php

Bélgica:
www.cclj.be/web/act_perm.asp

França:
www.ajhl.org

Israel:
www.bina.org.il/english.htm
www.free-judaism.org
www.meitar.org.il
www.tkasim.org

Estados Unidos:
www.culturaljudaism.org/ccj/contemplate
www.aleph.org/
www.tikkun.org/

Internacional:
www.ifshj.net

Agradecimentos

O judaísmo como problema existencial e fonte de reflexão me acompanhou durante toda a vida. Nesse longo percurso tive a sorte de conviver com inúmeras pessoas sem as quais este livro não existiria. Não sendo realista enumerar todas elas — certamente minha memória cometeria injustiças —, só posso indicar alguns marcos sociais nos quais encontrei uma boa parte delas: o movimento IMI, uma invenção latino-americana dos anos 1960, que procurou sintetizar sionismo e o espírito revolucionário da época; o grupo pacifista estudantil IESH, que mobilizou árabes e judeus israelenses, imigrantes latino-americanos e europeus, e que em 1972 saiu vitorioso nas eleições do grêmio estudantil da Universidade de Haifa, um evento excepcional na história de Israel; os professores do curso de História de Israel da Universidade de Haifa que renovaram minha visão sobre a história judia; e o mundo acadêmico, provavelmente a única comunidade efetivamente cosmopolita, onde encontrei tantos colegas de uma enorme qualidade humana.

O intercâmbio de ideias com Salomon Wald, com sua visão do judaísmo e do mundo bastante diferente da minha, foi sempre um grande incentivo intelectual. O diálogo e a amizade de várias décadas com o rabino Nilton Bonder foram centrais para elaborar minha visão de judaísmo. Os comentários detalhados a um primeiro manuscrito feitos por Bila Sorj ajudaram certamente a melhorar muito o texto. Finalmente, este livro foi escrito graças ao apoio com que o Centro Edelstein de Pesquisas Sociais me brindou, particularmente seu presidente, meu amigo Joel Edelstein.

Este livro foi composto na tipografia Minion,
em corpo 11/16, e impresso em papel off-white $80g/m^2$
no Sistema Digital Instant Duplex da
Divisão Gráfica da Distribuidora Record.